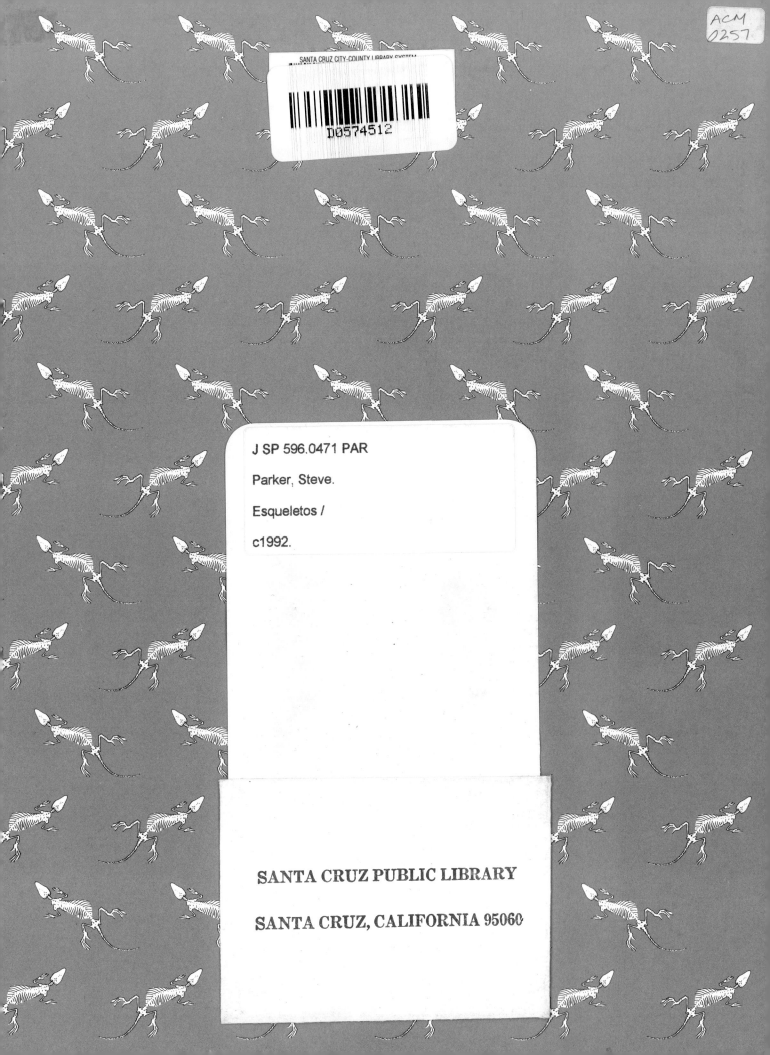

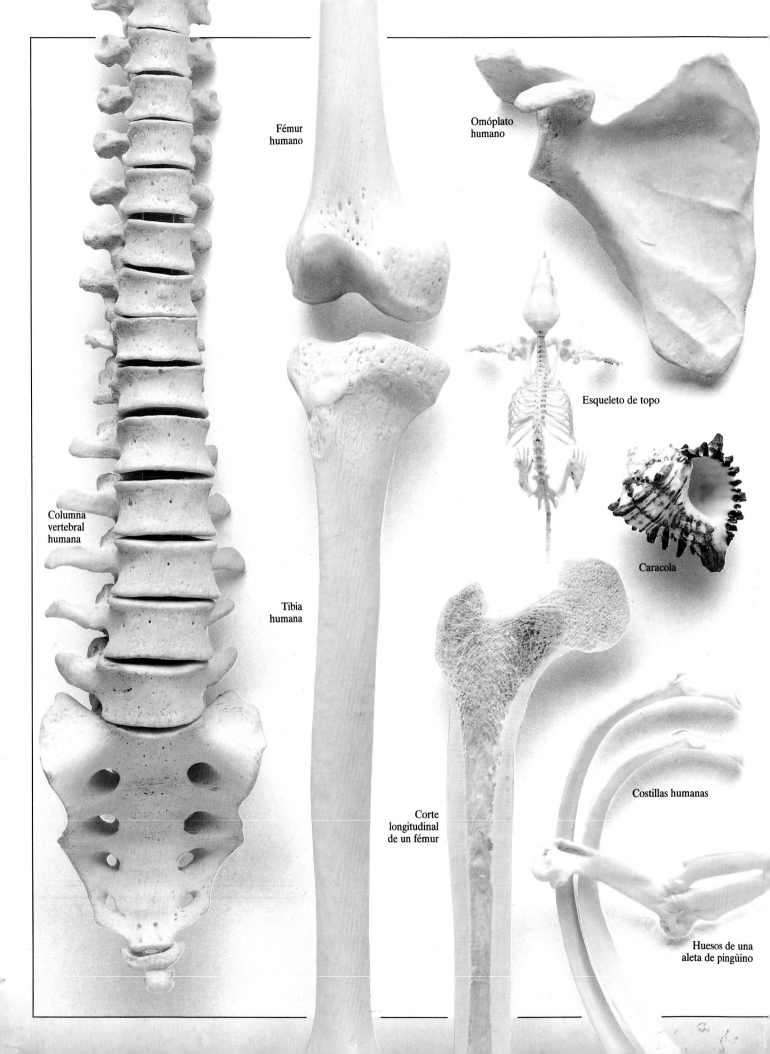

Fémur
humano

Omóplato
humano

Esqueleto de topo

Caracola

Columna
vertebral
humana

Tibia
humana

Corte
longitudinal
de un fémur

Costillas humanas

Huesos de una
aleta de pingüino

Muelas
humanas

Caracola
estrellada

BIBLIOTECA VISUAL ALTEA

esqueletos

por
Steve Parker

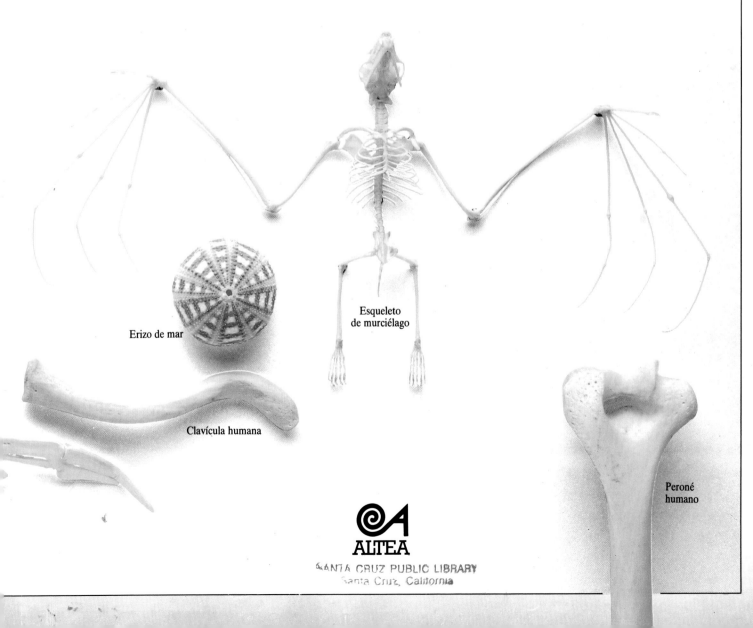

Erizo de mar

Esqueleto
de murciélago

Clavícula humana

Peroné
humano

ALTEA

Cráneo de zorro

Esqueleto
de lagarto

Concha peregrina

Hueso de jibia
(sepia)

![DK]

A DORLING KINDERSLEY BOOK

6.ª reimpresión: 1996

Consejo editorial:
Londres:
Peter Kindersley, Sophie Mitchell,
Jane Owen, Martyn Foote, Philip Dowell.

París:
Pierre Marchand, Jean-Olivier Héron,
Sabine Boulogne, Catherine de Sairigné-Bon.

Madrid:
Miguel Azaola, Maria Puncel.

Asesoría científica:
Dirección del Natural History Museum, Londres.

Traducido por María Barberán.

Título original: Eyewitness Encyclopedia. Volume 3: *Skeleton*.

Publicado originalmente en 1988 en Gran Bretaña
por Dorling Kindersley Limited, 9 Henrietta St.,
London WC2E 8PS,

y en Francia por Éditions Gallimard, 5 rue Sébastien
Bottin, 75007 París.

© 1988 by Dorling Kindersley Limited, Londres,
y Éditions Gallimard, París

© 1990, Altea, Taurus, Alfaguara, S. A., de la presente
edición en lengua española.
© 1992, Santillana, S. A.
Elfo, 32. 28027 Madrid.
ISBN: 84-8252-004-0

Costilla
humana

Concha de bocina

Printed in Singapore by Toppan Printing Co. (5) Pte Ltd.

Hueso del
antebrazo
humano

Huesos del ala
de pájaro

Sumario

Cráneo
de cuervo

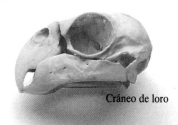

Cráneo de loro

El esqueleto humano

EL ESQUELETO ES MUCHAS COSAS: un símbolo de peligro de muerte, el entramado de un barco o de un edificio, un secreto guardado en un cofre, el esbozo de una novela... y los más de 200 huesos que estructuran un cuerpo humano. Sólido, pero flexible, nuestro esqueleto sostiene, se mueve y protege. Los huesos son rígidos y firmes, y forman un armazón interno que sustenta al cuerpo y le impide desplomarse como si fuera una pella de gelatina. Unidos por articulaciones móviles y manejados por los músculos, forman un sistema de soportes, palancas y pinzas que nos permiten desplazar nuestro cuerpo a más de 35 km/h, tomar una manzana de un árbol, levantar pesos... El esqueleto protege nuestros órganos vitales más delicados: el cráneo alberga al cerebro y las costillas resguardan al corazón y los pulmones. El esqueleto sigue el diseño básico de unas 40.000 especies animales dotadas de espina dorsal. Por último, los huesos son sede de la elaboración de ciertos glóbulos, rojos y blancos.

El cráneo (véase pág. 26) es una caja formada por ocho huesos y que contiene el cerebro, uno de los mayores proporcionalmente del mundo animal. La cara reúne los órganos sensoriales. El único hueso móvil de los 14 de la cara es el maxilar inferior.

Los libros de texto de los siglos XVIII y XIX tenían ilustraciones detalladas como ésta.

Lección de anatomía medieval, en un anfiteatro poblado de esqueletos humanos y de animales.

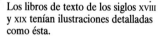

Un cirujano del siglo XV describe a un alumno la caja torácica en una maqueta reducida de esqueleto.

La dentadura humana (véase pág. 27) desgarra y tritura anualmente unos 500 kg, media tonelada, de alimentos.

El craneómetro es un aparato destinado a medir el tamaño del cráneo y, por deducción, el del cerebro.

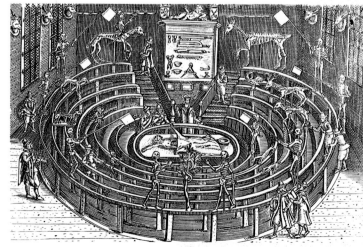

El brazo (véase pág. 48) puede llevar la mano hasta cerca de los ojos, para ver con detalle los objetos o para manipulaciones de precisión.

Dibujo de Leonardo da Vinci de los huesos del brazo.

Por el dibujo de arriba se ve que el estudio científico del esqueleto todavía no había comenzado como es debido en el siglo XIV.

El codo se bloquea cuando el brazo está tenso (véase pág. 48); es un residuo evolutivo de cuando andábamos con las cuatro extremidades.

La articulación del hombro es muy móvil: permite que el brazo describa un círculo completo (véase pág. 48).

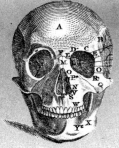

A cada hueso del cráneo y de la cara, 22 en total, le corresponde en esta ilustración una letra que remite, en la *Encyclopaedia Britannica* de 1797, a un artículo detallado.

7

En esta *Danza Macabra* (Basilea, 1515), grabada por Hans Holbein, el Joven, los esqueletos invitan a nobles, papas y soldados al baile conducido por la Muerte...

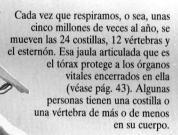

La «Seca Segadora», como se ha llamado a la Muerte, persigue aquí a los agonizantes.

Cada vez que respiramos, o sea, unas cinco millones de veces al año, se mueven las 24 costillas, 12 vértebras y el esternón. Esa jaula articulada que es el tórax protege a los órganos vitales encerrados en ella (véase pág. 43). Algunas personas tienen una costilla o una vértebra de más o de menos en su cuerpo.

... Nadie se libra de la *Danza Macabra:* emperadores, niños, mujeres; es una alusión a las amenazas de peste de la época.

Nuestros más próximos parientes, los monos y otros simios, se desplazan a veces sobre sus dos miembros inferiores. Pero sólo la pelvis humana está adaptada a la postura totalmente erguida y para andar con las dos piernas formando línea recta con la espina dorsal (véase pág. 44).

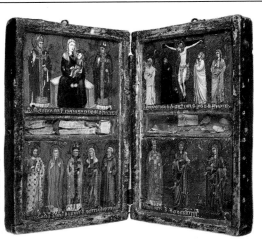

Desde comienzos del cristianismo se guardaron en valiosos relicarios, como este del siglo XIV, huesos de santos en espera del Juicio Final.

Este «aventurero del mar» del siglo XVIII luce en su atuendo la calavera y las tibias cruzadas, símbolo de muerte y destrucción entre los piratas.

Cráneo y fémur en una hornacina, en esta alegoría de la muerte, que le recuerdan al hombre que se tiene que morir.

Cada mano tiene 27 huesos, y otras tantas articulaciones (véase pág. 49) que le permiten múltiples y variados movimientos.

Esqueleto con guadaña y cadáver vacío con arco, amenazantes, nos muestran estas cartas del tarot, las más antiguas conocidas, y que sirven tanto para jugar como para adivinar el porvenir: éstas y otras cartas adversas predicen muerte cercana.

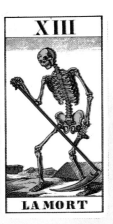

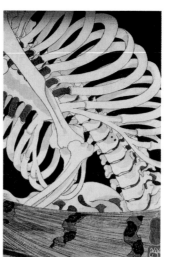

En este cuadro del pintor japonés Kunyoshi, la bruja Mitsukuni invoca a la muerte, que aparece en forma de un esqueleto gigante y aterroriza a sus enemigos.

Los huesos de la pierna (véase pág. 54) son los más largos del cuerpo. Están articulados de manera que las rodillas y los tobillos pueden tocarse, mientras que las cabezas de los fémures distan entre sí unos 30 cm.

La muerte está a la vez presente y oculta en *Los embajadores* (1533), cuadro de Hans Holbein (der.),

Los segundos resuenan en esta calavera de plata, que es la caja de un reloj hecho en Alemania hacia 1620.

que refleja la opulencia de la corte británica de Enrique VIII. La extraña figura de primer plano, vista de sesgo desde la izquierda, es una calavera distorsionada (izq.).

Detalle de la calavera distorsionada que aparece en el cuadro de la derecha.

La rodilla es la más sólida de las articulaciones (véase pág. 54), ya que soporta casi la mitad del peso del cuerpo; pero poco móvil, porque forma una bisagra que sólo permite doblar la pierna hacia atrás: ni hacia delante, ni hacia los lados.

Otra calavera célebre es la de Yorick, bufón de la corte danesa, que Hamlet contempla en su monólogo meditativo del drama de Shakespeare.

Esta bóveda de cráneo humano ha sido transformada en cáliz ritual de los lamas tibetanos: beber en ella equivale a sorber la mente de otro.

Esqueletos guerreros, brotados de los dientes de un dragón sembrados en la tierra, acosan al protagonista de la película *Jasón y los Argonautas* en su camino hacia el Vellocino de Oro.

Los salientes del tobillo no son huesos: son los maléolos de las extremidades de la tibia y el peroné (véase pág. 54).

Signos del tiempo: un cáliz vacío, una vela consumida, una pluma de oca seca, un reloj parado y una calavera, son símbolos del fin de los días.

Con dos cráneos de guerreros vencidos de tribus rivales se ha confeccionado este tambor africano de ceremonias.

El pie (véase pág. 55) forma ángulo recto con la pierna, a diferencia de la mano, que es prolongación del brazo. El hombre es plantígrado, como otros animales, y su planta forma un arco que le brinda elasticidad y amortigua el choque con el suelo al andar.

En este mosaico italiano del siglo XIII, enormes gusanos brotan de las órbitas de las calaveras.

Vida y muerte están reunidas mediante la ilusión óptica de este cuadro *Esplendor y decadencia*, de 1860. Las cabezas de los dos jóvenes forman las órbitas de una calavera.

Huesos fósiles

DEBIDO A SU FUNCIÓN, muchos esqueletos son duros y resistentes, y por ello se conservan fácilmente fosilizándose. Por lo general, los residuos vegetales o animales, o son devorados, o se pudren hasta su desaparición. Pero, a veces, las partes duras, como las conchas, los dientes o los huesos, se hunden hasta el fondo del mar, de un río o de una ciénaga. Rápidamente los cubren la arena o el fango que, al cabo de miles o millones de años, se transforman en roca por compresión. Durante este tiempo, los esqueletos se petrifican y forman los fósiles, que se conservan en la roca. Muchos de nuestros conocimientos sobre la vida pasada en la Tierra proceden de esqueletos fósiles, que van desde las masas de células orgánicas de hace unos tres mil millones de años hasta los huesos de nuestros antepasados de hace unos pocos millones de años.

Hoplopteryx

Este pez, llamado *Hoplopteryx*, es antepasado del actual pez ardilla que vive en aguas profundas. A su muerte, hace unos 80 millones de años, su materia orgánica fue sustituida por compuestos minerales: se fosilizó.

Dinosaurio, del griego «lagarto terrible», se llama desde 1842 a los reptiles fósiles gigantes, como el *Iguanodon*, del que se han hallado centenares de huesos; el primer esqueleto apareció en el sur de Inglaterra en 1842, y databa de hace 135 millones de años. Era un herbívoro de cinco metros de alto.

Prima hermana del berberecho de la página 25, esta concha peregrina fósil del período jurásico (hace unos 180 millones de años) se parece muchísimo a su descendiente actual.

Concha peregrina fósil

El *Calymene*, un tipo de trilobites.

Iguanodon

Conchitas de berberechos fósiles.

Millares de conchas de trilobites fósiles, el animal se extinguió hace mucho, han aparecido por todo el mundo, en los «cementerios marinos». El *Calymene* vivía hace 420 millones de años, en el período silúrico de la era primaria. Otros muchos animalillos se han conservado así.

Lecho de caliza en la cual se forman y conservan los fósiles.

Vértebra de la cola de un *Iguanodon*

Peroné de *Iguanodon*

Esqueleto completo de *Ichthyosaurus*: algunos llegaron a tener 10 m de largo.

Cuenca del ojo

Los dientes cónicos eran todos del mismo tamaño.

G 809

El *Ichthyosaurus*, «pez lagarto», es un reptil del jurásico, y data de unos 180 millones de años. Se alimentaba de peces y era parecido a los actuales delfines. En sus afiladas mandíbulas de carnívoro tenía 200 dientes cónicos.

Grabado del siglo XIX de una *amonita*, nombre debido a su parecido con los cuernos arrollados de carnero del dios egipcio Amón.

Espiras llenas de gas

Amonita

Espira habitada por el animal.

Dientes de *Plesiosaurus*, reptil gigante de hace 180 millones de años.

Dientes en forma de puñal, aptos para capturar los escurridizos peces.

Diente de tiburón de hace unos 20 millones de años

Los *Belemnoides* eran los antepasados de las jibias y calamares, y vivieron desde hace 340 hasta hace 50 millones de años. Este fósil en forma de bala, llamado *belemnita*, era la parte que protegía al cuerpo cónico del animal, del cual no se ha conservado ningún ejemplar.

El propietario original de ese diente de tiburón (arriba) era un animal de 18 m de largo, con unas fauces de 2 m de ancho. Los otros más pequeños son dientes de *Plesiosaurus*, un reptil marino de largo cuello, ya desaparecido.

Belemnita

Las amonitas (arriba) son estos moluscos de concha en espiral, que tanto abundaban hace unos 180 millones de años. El animal, parecido al pulpo, vivía en la espira exterior; las otras estaban llenas de un gas y hacían de flotadores. Era pariente del nautilo (véase pág. 25).

Concha de belemnita

Concha peregrina espinosa fósil

Esta concha peregrina espinosa, su otra cara era lisa, procede de rocas que datan de unos 180 millones de años, del cretácico. Gracias a sus espinas, se sujetaba en el inestable lecho marino.

En este esqueleto, los colmillos están al revés, hacia abajo

Los esqueletos fósiles, como éste de mamut, son el único testimonio de animales extinguidos hace muchísimos años.

El esqueleto de los mamíferos

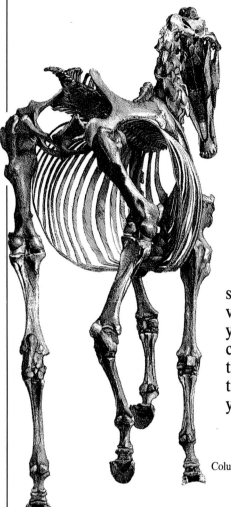

LOS MAMÍFEROS: perros, gatos, monos, el hombre... tienen un esqueleto muy parecido. El cuerpo está sostenido por un eje, la columna vertebral, flexible y que puede mantenerse rígida. El cráneo alberga y protege el cerebro y la mayoría de los órganos sensibles: vista, oído, olfato y gusto. El tronco es la parte más voluminosa: las costillas forman una jaula protectora de corazón y pulmones. Los cuatro miembros son básicamente iguales entre sí: están unidos a la espina dorsal mediante huesos anchos y planos, y constan de un hueso superior largo y dos inferiores también largos, de varios huesecillos (muñeca y tobillo) y cinco dedos. Claro está que el modo de vida de cada mamífero condiciona su talla, su constitución y su esqueleto. En las cuatro páginas que siguen veremos algunas de las muchas variaciones del esqueleto básico. Grandes y pequeños, de miembros largos o cortos, con cinco dedos o menos, con miembros transformados en alas o aletas, todos tienen los mismos huesos principales, y todos son mamíferos.

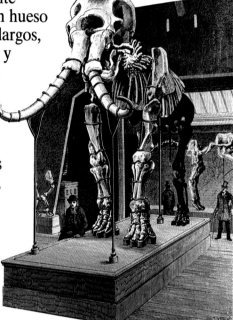

Contemporáneo del hombre de las cavernas, el mamut pesaba alrededor de una tonelada y medía 3,50 m de alto.

George Stubbs, pintor animalista del siglo XVIII, se pasó dos años estudiando la anatomía del caballo, cuyo esqueleto dibujó desde diversos ángulos. Este dibujo data de 1766.

Columna vertebral

Pelvis

Caja torácica

Esqueleto de tejón

La articulación de los miembros posteriores forma un ángulo que le confiere al tejón su distintivo aspecto pesado.

Vértebras de la cola

El tejón, animal rechoncho, tiene una constitución vigorosa. Sus miembros robustos, sus fuertes patas y sus largas garras le permiten excavar galerías y escarbar en la tierra para descubrir presas menudas. Tiene dientes de carnívoro (véase pág. 36), aunque también se alimenta de bayas y otros vegetales.

Los dedos poseen garras para excavar

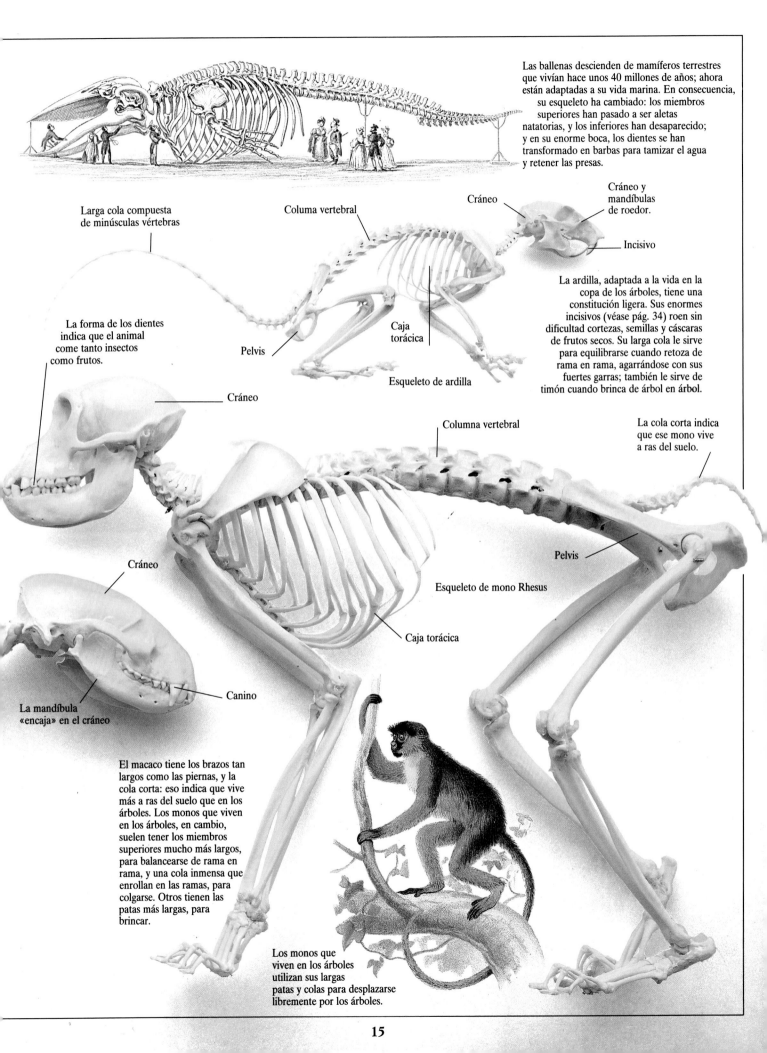

Las ballenas descienden de mamíferos terrestres que vivían hace unos 40 millones de años; ahora están adaptadas a su vida marina. En consecuencia, su esqueleto ha cambiado: los miembros superiores han pasado a ser aletas natatorias, y los inferiores han desaparecido; y en su enorme boca, los dientes se han transformado en barbas para tamizar el agua y retener las presas.

Larga cola compuesta de minúsculas vértebras

Columa vertebral

Cráneo

Cráneo y mandíbulas de roedor.

Incisivo

La forma de los dientes indica que el animal come tanto insectos como frutos.

Pelvis

Caja torácica

Esqueleto de ardilla

La ardilla, adaptada a la vida en la copa de los árboles, tiene una constitución ligera. Sus enormes incisivos (véase pág. 34) roen sin dificultad cortezas, semillas y cáscaras de frutos secos. Su larga cola le sirve para equilibrarse cuando retoza de rama en rama, agarrándose con sus fuertes garras; también le sirve de timón cuando brinca de árbol en árbol.

Cráneo

Columna vertebral

La cola corta indica que ese mono vive a ras del suelo.

Cráneo

Pelvis

Esqueleto de mono Rhesus

Caja torácica

La mandíbula «encaja» en el cráneo

Canino

El macaco tiene los brazos tan largos como las piernas, y la cola corta: eso indica que vive más a ras del suelo que en los árboles. Los monos que viven en los árboles, en cambio, suelen tener los miembros superiores mucho más largos, para balancearse de rama en rama, y una cola inmensa que enrollan en las ramas, para colgarse. Otros tienen las patas más largas, para brincar.

Los monos que viven en los árboles utilizan sus largas patas y colas para desplazarse libremente por los árboles.

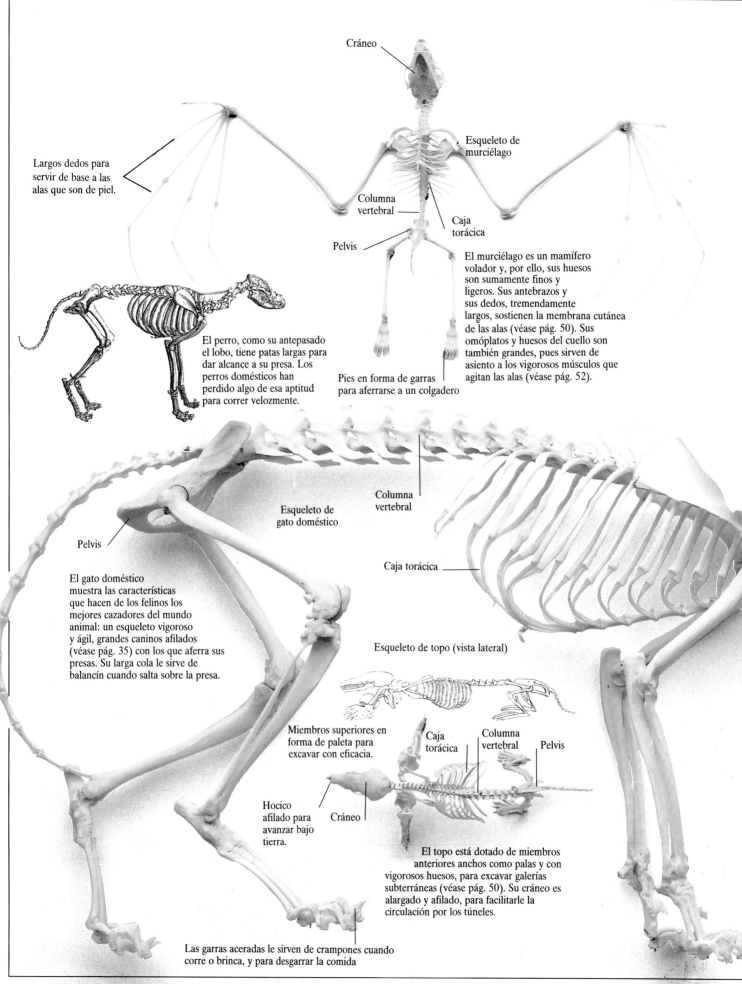

Cráneo

Esqueleto de murciélago

Largos dedos para servir de base a las alas que son de piel.

Columna vertebral

Caja torácica

Pelvis

El murciélago es un mamífero volador y, por ello, sus huesos son sumamente finos y ligeros. Sus antebrazos y sus dedos, tremendamente largos, sostienen la membrana cutánea de las alas (véase pág. 50). Sus omóplatos y huesos del cuello son también grandes, pues sirven de asiento a los vigorosos músculos que agitan las alas (véase pág. 52).

El perro, como su antepasado el lobo, tiene patas largas para dar alcance a su presa. Los perros domésticos han perdido algo de esa aptitud para correr velozmente.

Pies en forma de garras para aferrarse a un colgadero

Columna vertebral

Esqueleto de gato doméstico

Caja torácica

Pelvis

El gato doméstico muestra las características que hacen de los felinos los mejores cazadores del mundo animal: un esqueleto vigoroso y ágil, grandes caninos afilados (véase pág. 35) con los que aferra sus presas. Su larga cola le sirve de balancín cuando salta sobre la presa.

Esqueleto de topo (vista lateral)

Miembros superiores en forma de paleta para excavar con eficacia.

Caja torácica

Columna vertebral

Pelvis

Hocico afilado para avanzar bajo tierra.

Cráneo

El topo está dotado de miembros anteriores anchos como palas y con vigorosos huesos, para excavar galerías subterráneas (véase pág. 50). Su cráneo es alargado y afilado, para facilitarle la circulación por los túneles.

Las garras aceradas le sirven de crampones cuando corre o brinca, y para desgarrar la comida

Esqueleto de dugongo

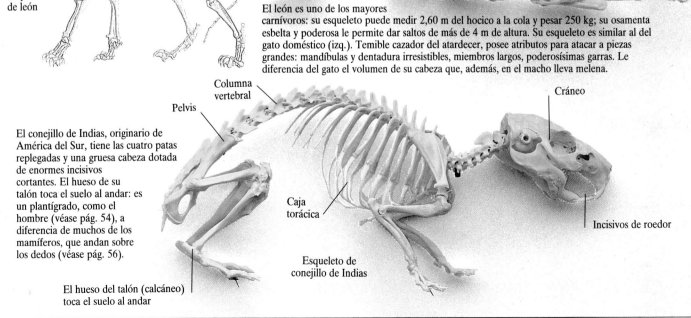

Cráneo

Dientes característicos
de roedor

El *dugongo*, o vaca
marina, es un mamífero
herbívoro que vive en los
bajíos costeros entre el mar
Rojo, el océano Índico y las
Filipinas. Mide unos 3 m de largo,
tiene respiración aérea y ha
evolucionado perdiendo los
miembros posteriores, mientras
que los anteriores se han
transformado en largas aletas
natatorias acodadas.

Columna vertebral

La liebre está dotada de gruesas
vértebras lumbares (véase pág. 40),
una pelvis muy larga (véase
página 46) y unas patas traseras
interminables que evidencian una
adaptación a correr utilizando
sobre todo los miembros
posteriores. Hay liebres que pueden
alcanzar los 80 km/h en algún
tramo.

Cráneo

Esqueleto de liebre

Caja
torácica

Pelvis

Caninos

Los largos miembros
posteriores quedan
doblados en reposo.

Esqueleto
de león

El león es uno de los mayores
carnívoros: su esqueleto puede medir 2,60 m del hocico a la cola y pesar 250 kg; su osamenta
esbelta y poderosa le permite dar saltos de más de 4 m de altura. Su esqueleto es similar al del
gato doméstico (izq.). Temible cazador del atardecer, posee atributos para atacar a piezas
grandes: mandíbulas y dentadura irresistibles, miembros largos, poderosísimas garras. Le
diferencia del gato el volumen de su cabeza que, además, en el macho lleva melena.

Columna
vertebral

Cráneo

Pelvis

El conejillo de Indias, originario de
América del Sur, tiene las cuatro patas
replegadas y una gruesa cabeza dotada
de enormes incisivos
cortantes. El hueso de su
talón toca el suelo al andar: es
un plantígrado, como el
hombre (véase pág. 54), a
diferencia de muchos de los
mamíferos, que andan sobre
los dedos (véase pág. 56).

Caja
torácica

Incisivos de roedor

Esqueleto de
conejillo de Indias

El hueso del talón (calcáneo)
toca el suelo al andar

17

El esqueleto de las aves

Cráneo

Pico

Esqueleto de garza

LOS PRIMEROS ESQUELETOS óseos aparecieron en los animales marinos, y eran muy pesados. Pero los huesos evolucionaron en el sentido de hacerse más ligeros, aunque resistentes, y formaron esqueletos de dos grupos de voladores: los murciélagos (mamíferos, véase pág. 16) y las aves. En estas últimas, el ahorro de peso es máximo, porque los huesos son huecos: su solidez se debe a que son tubulares, reforzados por bovedillas o tirantes cruzados que impiden la torsión y la flexión. Algunos huesos contienen bolsas de aire, extensión de los pulmones, que confieren ligereza al armazón e incrementan el volumen de oxígeno. Los dientes de las aves debieron desaparecer en la primera fase evolutiva, por ser demasiado pesados. El pico, ligero, no es de hueso, sino de cuerno (queratina, una proteína) y complementa el cometido de las mandíbulas. El esternón ha desarrollado una cresta ósea transversal, la quilla, en la cual se fijan los músculos de las amplias alas; y dos huesos suplementarios, los «coracoides» (véase pág. 53) que hacen de refuerzo entre el omóplato y el esternón.

Alta y majestuosa, la garza es campeona del vuelo planeado. Sus plumas son de queratina, y van fijadas por tendones a los largos huesos de las alas. Alrededor de cada cañón, un músculo mueve las plumas.

Garza

Pico ganchudo

Punto de inserción de los músculos del vuelo

Quilla en el esternón

Honda y fuerte caja torácica

Esqueleto de loro

El loro, igual que todas las aves, tiene una caja torácica muy corta y voluminosa, con lo cual se refuerza el centro del cuerpo para soportar el tirón de los músculos del vuelo, en especial los que se apoyan en el aire al batir las alas hacia abajo.

Húmero

Vértebras sacras y huesos de la pelvis soldados, sinsacro.

Hueso del muslo, fémur

Pico

Huecos en el cráneo para aligerar el peso

El cuello de las aves suele ser largo y flexible, lo cual les permite girar la cabeza y el pico en todas las direcciones, tanto para comer como para atusarse el plumaje. El resto de la columna vertebral no es tan flexible: hay pocos movimientos posibles entre el tórax y la pelvis, y alguno en la cola.

Vértebras flexibles del cuello para mover cabeza y pico

Huesos del ala

Huesos de la mandíbula

Pico córneo de vivos colores, asentado encima de las mandíbulas.

Las vértebras caudales permiten mover las plumas de la cola.

El frailecillo pasa mucho tiempo volando. Igual que el de otras muchas aves, su cráneo tiene muchos vanos, para aligerar peso y mejorar el equilibrio.

Esqueleto de pato mandarín

Patas palmeadas adaptadas a la natación

Esqueleto de frailecillo

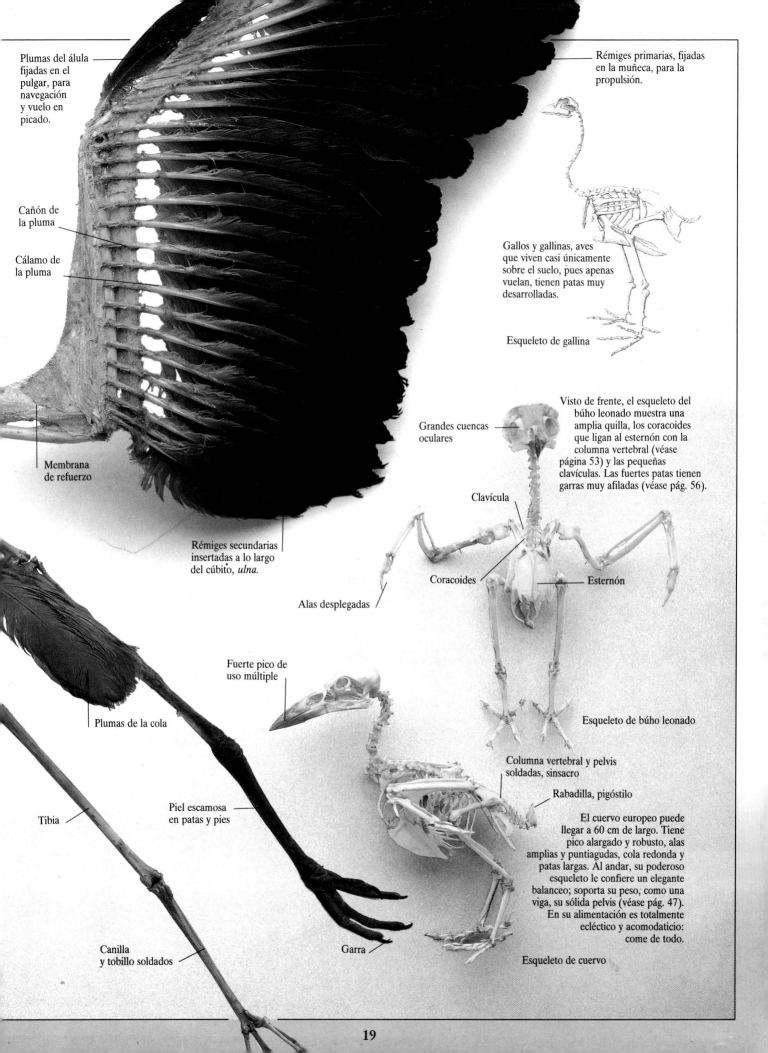

Plumas del álula fijadas en el pulgar, para navegación y vuelo en picado.

Cañón de la pluma

Cálamo de la pluma

Membrana de refuerzo

Rémiges primarias, fijadas en la muñeca, para la propulsión.

Gallos y gallinas, aves que viven casi únicamente sobre el suelo, pues apenas vuelan, tienen patas muy desarrolladas.

Esqueleto de gallina

Grandes cuencas oculares

Visto de frente, el esqueleto del búho leonado muestra una amplia quilla, los coracoides que ligan al esternón con la columna vertebral (véase página 53) y las pequeñas clavículas. Las fuertes patas tienen garras muy afiladas (véase pág. 56).

Clavícula

Coracoides

Esternón

Rémiges secundarias insertadas a lo largo del cúbito, *ulna*.

Alas desplegadas

Esqueleto de búho leonado

Fuerte pico de uso múltiple

Plumas de la cola

Columna vertebral y pelvis soldadas, sinsacro

Rabadilla, pigóstilo

El cuervo europeo puede llegar a 60 cm de largo. Tiene pico alargado y robusto, alas amplias y puntiagudas, cola redonda y patas largas. Al andar, su poderoso esqueleto le confiere un elegante balanceo; soporta su peso, como una viga, su sólida pelvis (véase pág. 47). En su alimentación es totalmente ecléctico y acomodaticio: come de todo.

Piel escamosa en patas y pies

Tibia

Canilla y tobillo soldados

Garra

Esqueleto de cuervo

Peces, reptiles y anfibios

LOS ESQUELETOS DE LAGARTOS y otros reptiles, de anfibios y batracios, como las ranas, poseen una organización análoga al esqueleto básico de aves y mamíferos. Pero ése no es su esquema originario. La observación de los fósiles nos enseña que los primeros animales dotados de esqueleto óseo interno fueron los peces. Los primeros «vertebrados» acuáticos datan de hace unos 500 millones de años. Se supone que, hace unos 350 millones de años, determinados peces prehistóricos dotados de «lóbulos-aletas» cambiaron las aletas en patas y se volvieron anfibios. Conservaron el esqueleto general de peces en su cráneo, su espina dorsal y su cola; pero, para conquistar la tierra, necesitaban otro instrumento: los miembros.

Esqueleto de camaleón

Esqueleto de lagarto

Cráneo afilado

Pie prensil

Cola prensil

Los pulgares en dirección opuesta a los demás dedos le permiten al camaleón aferrarse a las ramas cuando persigue a los insectos; también se cuelga de su cola prensil.

Los lagartos utilizan para andar tanto la espina dorsal como las patas. Su lomo adopta un ondulante vaivén semejante al del pez, al arrastrar las patas alternativamente hacia adelante.

Placas óseas que protegen la cabeza.

Las aletas dorsales gobiernan el balanceo al nadar.

La gran aleta caudal sirve de timón en aguas estancadas o mansas.

Esqueleto de carpa

La espina dorsal es un progreso en la evolución. Permitió a los músculos del cuerpo avanzar produciendo el movimiento natatorio del vaivén usado hoy por los peces, como esta carpa. Los órganos respiratorios, o branquias, están protegidos por unas placas óseas, los opérculos.

Opérculo óseo

Placas óseas que protegen los órganos de la cabeza

Cuencas de los ojos

Las aletas pectorales permiten avanzar, detenerse o retroceder.

El bacalao es un voraz predador de pececillos y otros seres marinos. Las aletas membranosas están sustentadas por radios óseos incrustados en el cuerpo, que las despliegan o repliegan en la natación.

Esqueleto de bacalao

Mandíbulas

Las aletas ventrales permiten al pez nadar hacia arriba o hacia abajo.

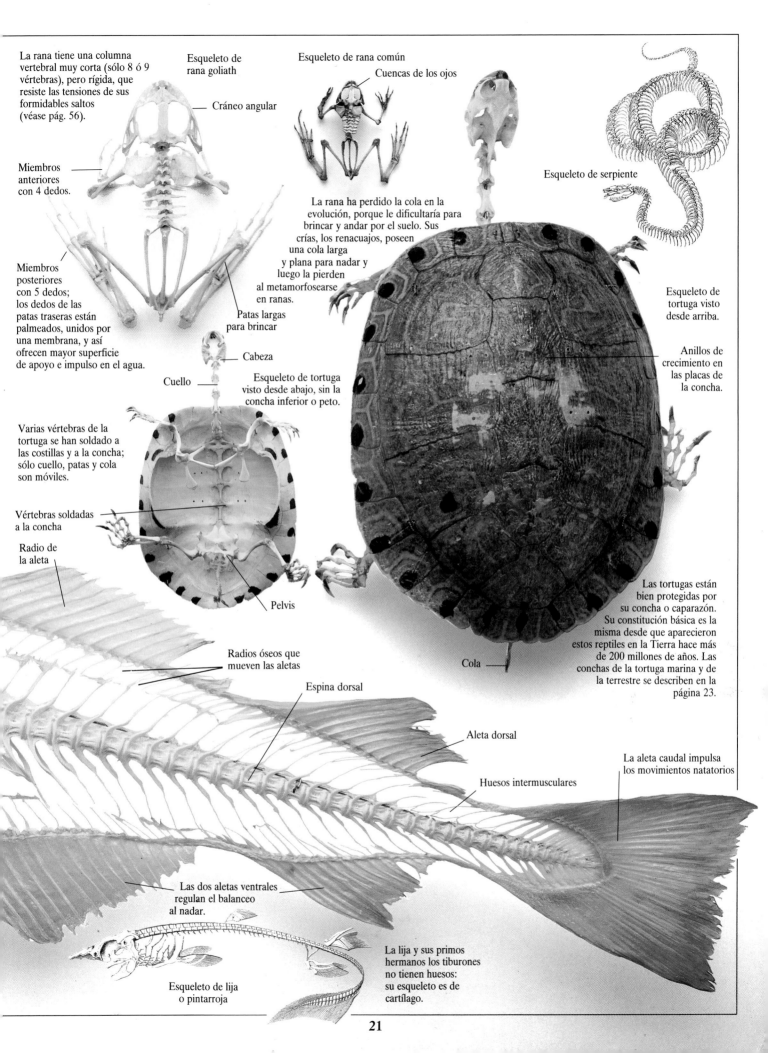

La rana tiene una columna vertebral muy corta (sólo 8 ó 9 vértebras), pero rígida, que resiste las tensiones de sus formidables saltos (véase pág. 56).

Esqueleto de rana goliath

Cráneo angular

Miembros anteriores con 4 dedos.

Miembros posteriores con 5 dedos; los dedos de las patas traseras están palmeados, unidos por una membrana, y así ofrecen mayor superficie de apoyo e impulso en el agua.

Esqueleto de rana común

Cuencas de los ojos

La rana ha perdido la cola en la evolución, porque le dificultaría para brincar y andar por el suelo. Sus crías, los renacuajos, poseen una cola larga y plana para nadar y luego la pierden al metamorfosearse en ranas.

Patas largas para brincar

Esqueleto de serpiente

Esqueleto de tortuga visto desde arriba.

Anillos de crecimiento en las placas de la concha.

Cabeza

Cuello

Esqueleto de tortuga visto desde abajo, sin la concha inferior o peto.

Varias vértebras de la tortuga se han soldado a las costillas y a la concha; sólo cuello, patas y cola son móviles.

Vértebras soldadas a la concha

Radio de la aleta

Pelvis

Las tortugas están bien protegidas por su concha o caparazón. Su constitución básica es la misma desde que aparecieron estos reptiles en la Tierra hace más de 200 millones de años. Las conchas de la tortuga marina y de la terrestre se describen en la página 23.

Radios óseos que mueven las aletas

Espina dorsal

Cola

Aleta dorsal

La aleta caudal impulsa los movimientos natatorios

Huesos intermusculares

Las dos aletas ventrales regulan el balanceo al nadar.

La lija y sus primos hermanos los tiburones no tienen huesos: su esqueleto es de cartílago.

Esqueleto de lija o pintarroja

Esqueletos externos

UNA GRAN MAYORÍA de animales no tiene esqueleto por dentro: los insectos, las arañas, los crustáceos y otros seres, llamados por ello invertebrados, presentan una envoltura externa que cumple el mismo cometido que un esqueleto interno, es decir, confiere resistencia y soporte, a la vez que forma un escudo protector alrededor de los delicados órganos vitales. Pero también tiene sus inconvenientes: esa cubierta exterior o exoesqueleto no puede expandirse, por lo cual el animal, al crecer, tiene que mudarla saliéndose de ella y segregando otra mayor. Los animales con exoesqueleto tienden a ser pequeños.

Imágenes aumentadas 40 veces

Las diatomeas flotan por millones en los océanos: son animalillos unicelulares envueltos en una membrana que absorbe sílice y se endurece. El organismo, para crecer, capta energía solar, como las plantas. Esos «esqueletos» adoptan vistosas formas de variados colores y en su superficie tienen delicadas estrías.

La larva del escarabajo morado y amarillo metalizado roe los troncos de los árboles por debajo de la corteza.

Las larvas de este coleóptero xilófago, que come madera, pueden vivir más de 30 años.

Este escarabajo verde brillante es otro xilófago, cuyas larvas son una verdadera plaga para el maderamen de casas o barcos.

El *crisomele* se camufla entre las hojas de las plantas gracias al verde luminoso de su caparazón.

El escarabajo pelotero debe su nombre a que se alimenta de estiércol de herbívoros, con el que forma unas pelotas para asegurar la alimentación de sus larvas.

El macho del ciervo volante se distingue por esas mandíbulas rameadas, que no pueden morder con fuerza porque sus músculos son débiles.

Las largas antenas ayudan a este gorgojo a buscar su camino palpando a su alrededor.

Igual que otros insectos, los escarabajos tienen un esqueleto externo hecho de una sustancia dura e impermeable llamada *quitina*. Sus alas anteriores han evolucionado formando un estuche córneo, los élitros, que recubren las alas posteriores, replegadas cuando no vuelan. Este escarabajo *goliath* es el insecto más pesado que existe: llega a los 100 g.

Abdomen

Tórax

Cabeza

Ojo

Pata articulada

Ala membranosa transparente.

Escarabajo goliath

Élitro

Los músculos de la pata van protegidos por una envoltura tubular rígida.

Bajos los duros élitros están replegadas las delicadas alas membranosas utilizadas para volar. Las patas de los insectos son siempre seis y tienen muchas articulaciones.

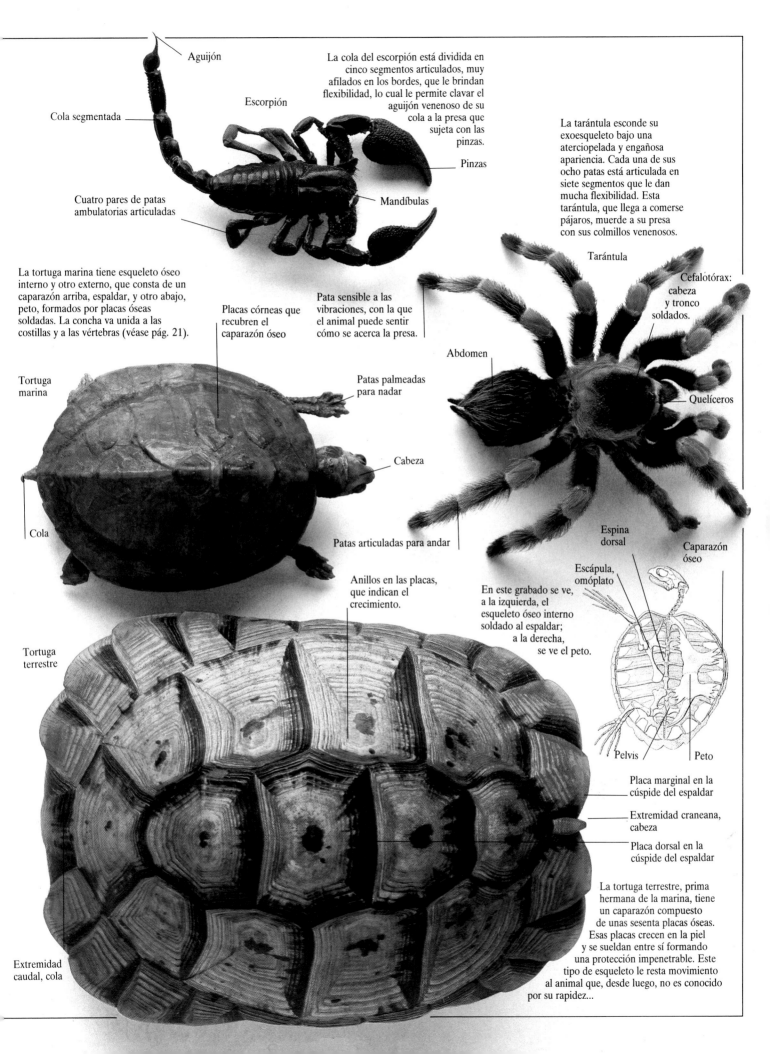

Aguijón

Cola segmentada

Escorpión

La cola del escorpión está dividida en cinco segmentos articulados, muy afilados en los bordes, que le brindan flexibilidad, lo cual le permite clavar el aguijón venenoso de su cola a la presa que sujeta con las pinzas.

Pinzas

Cuatro pares de patas ambulatorias articuladas

Mandíbulas

La tarántula esconde su exoesqueleto bajo una aterciopelada y engañosa apariencia. Cada una de sus ocho patas está articulada en siete segmentos que le dan mucha flexibilidad. Esta tarántula, que llega a comerse pájaros, muerde a su presa con sus colmillos venenosos.

Tarántula

La tortuga marina tiene esqueleto óseo interno y otro externo, que consta de un caparazón arriba, espaldar, y otro abajo, peto, formados por placas óseas soldadas. La concha va unida a las costillas y a las vértebras (véase pág. 21).

Placas córneas que recubren el caparazón óseo

Pata sensible a las vibraciones, con la que el animal puede sentir cómo se acerca la presa.

Cefalotórax: cabeza y tronco soldados.

Abdomen

Patas palmeadas para nadar

Tortuga marina

Quelíceros

Cabeza

Cola

Patas articuladas para andar

Espina dorsal

Caparazón óseo

Escápula, omóplato

Anillos en las placas, que indican el crecimiento.

En este grabado se ve, a la izquierda, el esqueleto óseo interno soldado al espaldar; a la derecha, se ve el peto.

Tortuga terrestre

Pelvis

Peto

Placa marginal en la cúspide del espaldar

Extremidad craneana, cabeza

Placa dorsal en la cúspide del espaldar

La tortuga terrestre, prima hermana de la marina, tiene un caparazón compuesto de unas sesenta placas óseas. Esas placas crecen en la piel y se sueldan entre sí formando una protección impenetrable. Este tipo de esqueleto le resta movimiento al animal que, desde luego, no es conocido por su rapidez...

Extremidad caudal, cola

Caparazón, concha, escamas: esqueletos marinos

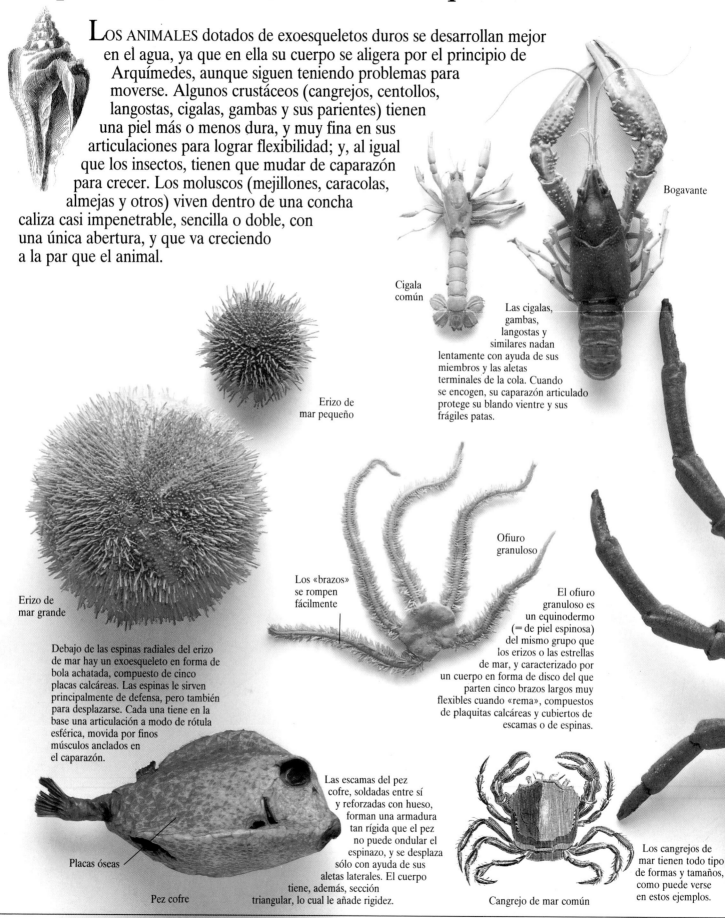

Los ANIMALES dotados de exoesqueletos duros se desarrollan mejor en el agua, ya que en ella su cuerpo se aligera por el principio de Arquímedes, aunque siguen teniendo problemas para moverse. Algunos crustáceos (cangrejos, centollos, langostas, cigalas, gambas y sus parientes) tienen una piel más o menos dura, y muy fina en sus articulaciones para lograr flexibilidad; y, al igual que los insectos, tienen que mudar de caparazón para crecer. Los moluscos (mejillones, caracolas, almejas y otros) viven dentro de una concha caliza casi impenetrable, sencilla o doble, con una única abertura, y que va creciendo a la par que el animal.

Bogavante

Cigala común

Las cigalas, gambas, langostas y similares nadan lentamente con ayuda de sus miembros y las aletas terminales de la cola. Cuando se encogen, su caparazón articulado protege su blando vientre y sus frágiles patas.

Erizo de mar pequeño

Erizo de mar grande

Debajo de las espinas radiales del erizo de mar hay un exoesqueleto en forma de bola achatada, compuesto de cinco placas calcáreas. Las espinas le sirven principalmente de defensa, pero también para desplazarse. Cada una tiene en la base una articulación a modo de rótula esférica, movida por finos músculos anclados en el caparazón.

Los «brazos» se rompen fácilmente

Ofiuro granuloso

El ofiuro granuloso es un equinodermo (= de piel espinosa) del mismo grupo que los erizos o las estrellas de mar, y caracterizado por un cuerpo en forma de disco del que parten cinco brazos largos muy flexibles cuando «rema», compuestos de plaquitas calcáreas y cubiertos de escamas o de espinas.

Las escamas del pez cofre, soldadas entre sí y reforzadas con hueso, forman una armadura tan rígida que el pez no puede ondular el espinazo, y se desplaza sólo con ayuda de sus aletas laterales. El cuerpo tiene, además, sección triangular, lo cual le añade rigidez.

Placas óseas

Pez cofre

Cangrejo de mar común

Los cangrejos de mar tienen todo tipo de formas y tamaños, como puede verse en estos ejemplos.

24

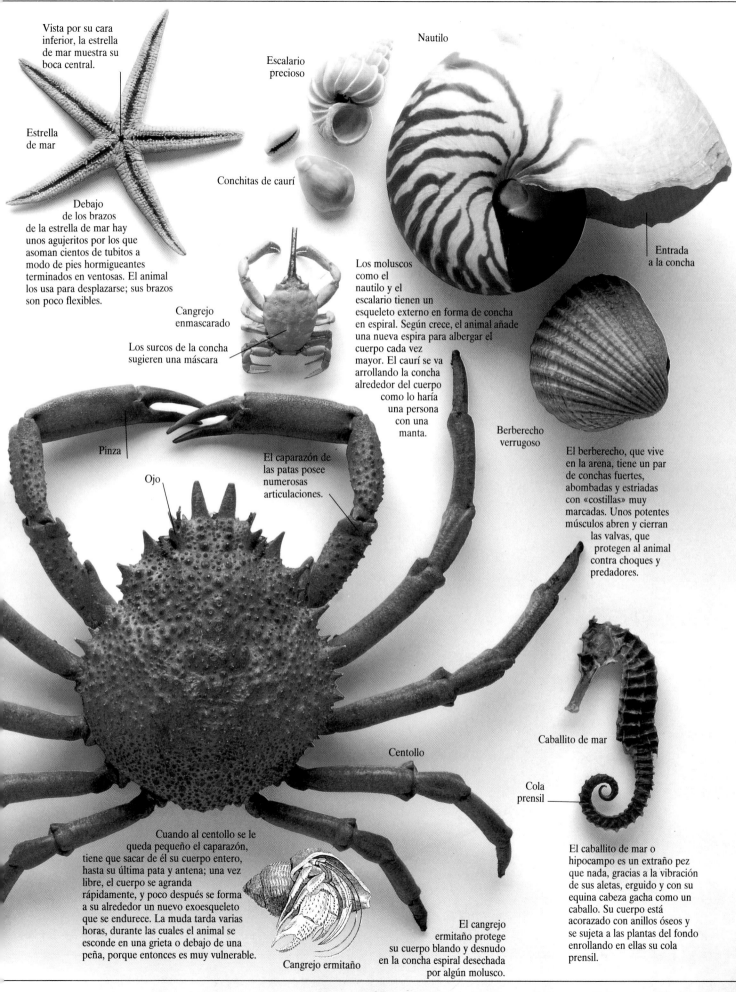

Vista por su cara inferior, la estrella de mar muestra su boca central.

Escalario precioso

Nautilo

Estrella de mar

Conchitas de caurí

Debajo de los brazos de la estrella de mar hay unos agujeritos por los que asoman cientos de tubitos a modo de pies hormigueantes terminados en ventosas. El animal los usa para desplazarse; sus brazos son poco flexibles.

Cangrejo enmascarado

Los surcos de la concha sugieren una máscara

Los moluscos como el nautilo y el escalario tienen un esqueleto externo en forma de concha en espiral. Según crece, el animal añade una nueva espira para albergar el cuerpo cada vez mayor. El caurí se va arrollando la concha alrededor del cuerpo como lo haría una persona con una manta.

Entrada a la concha

Berberecho verrugoso

El berberecho, que vive en la arena, tiene un par de conchas fuertes, abombadas y estriadas con «costillas» muy marcadas. Unos potentes músculos abren y cierran las valvas, que protegen al animal contra choques y predadores.

Pinza

Ojo

El caparazón de las patas posee numerosas articulaciones.

Centollo

Caballito de mar

Cola prensil

Cuando al centollo se le queda pequeño el caparazón, tiene que sacar de él su cuerpo entero, hasta su última pata y antena; una vez libre, el cuerpo se agranda rápidamente, y poco después se forma a su alrededor un nuevo exoesqueleto que se endurece. La muda tarda varias horas, durante las cuales el animal se esconde en una grieta o debajo de una peña, porque entonces es muy vulnerable.

El cangrejo ermitaño protege su cuerpo blando y desnudo en la concha espiral desechada por algún molusco.

Cangrejo ermitaño

El caballito de mar o hipocampo es un extraño pez que nada, gracias a la vibración de sus aletas, erguido y con su equina cabeza gacha como un caballo. Su cuerpo está acorazado con anillos óseos y se sujeta a las plantas del fondo enrollando en ellas su cola prensil.

El cráneo humano y su dentadura

AUNQUE LA CABEZA está en un extremo del cuerpo humano, funciona como centro de actividad. El cráneo protege el cerebro, que es el coordinador central que recibe la información del mundo exterior y organiza las reacciones humanas. Los órganos de los sentidos, menos el tacto, también están concentrados en la cabeza: en especial, los ojos y los oídos internos están bien albergados en senos óseos, mientras que la nariz, detectora de olores y vapores, sobresale en la cara. El aire, que contiene el vital oxígeno, pasa al cuerpo a través del cráneo; también lo hace el alimento, triturado primero por los maxilares y los dientes para poder ser tragado y digerido con mayor facilidad. Los órganos del olfato y el gusto están bien situados para detectar los humos nocivos en el aire respirado o los desagradables olores o sabores de la comida en mal estado.

Los dientes son a la vez sólidos y sensibles. Todavía hoy se tiene prevención al sillón del dentista, a pesar de que los cuidados que se reciben no tienen nada que ver con los temibles métodos de un sacamuelas medieval... quien, de todos modos, aliviaba el largo y lancinante dolor.

El delicado tejido cerebral está rodeado por una caja ósea, cuyo volumen varía en torno a los 1.500 cm³; el peso del cerebro oscila entre los 1.000 y los 2.000 gramos.

La cuenca del ojo u órbita es una cavidad que alberga al globo ocular, que es una esfera de unos 25 mm de diámetro, protegida por delante en el párpado y, por detrás, acolchada por cojines grasos. También contiene la cuenca los seis músculos que mueve el ojo, el nervio óptico que le une al cerebro y la glándula lagrimal que le limpia y lubrifica.

En esta radiografía hecha por ordenador y en colores se aprecian los huesos de cráneo, cara y cuello. También se ven los blandos cartílagos de la nariz y la oreja.

Incisivo

Canino

Premolar

Muela

Paladar

Fosas y senos nasales

Punto de articulación del maxilar inferior.

Conducto auditivo externo.

Canal carotídeo

Punto de articulación de la primera vértebra

Agujero occipital para la médula espinal.

Esta vista poco común del cráneo, desde abajo y sin el maxilar inferior, muestra su delicado tabicamiento interno. (Los huesos se identifican por separado en las págs. 28-29).

Los dientes están implantados mediante hondas raíces en el esponjoso tejido de los maxilares: superior e inferior, también llamado mandíbula.

Muchos nervios llegan al cerebro y salen de él a través de agujeros en el cráneo; éste, el «foramen infraorbital», da paso a ramificaciones nerviosas procedentes de los incisivos, los caninos y los premolares superiores.

El bulto más o menos sobresaliente de la nariz humana está formado por cartílago, no por hueso, y por ello falta en este cráneo.

La dentadura

Un hombre adulto tiene 32 dientes en cada maxilar; 4 incisivos, y luego, hacia adentro, 2 caninos, 4 premolares y 6 molares. La capa exterior de los dientes, el esmalte, es la sustancia más dura del organismo.

El incisivo corta y taja

El premolar machaca y mastica

El canino perfora y desgarra

El molar también machaca y mastica.

En el corte vertical de un diente se ven varias capas superpuestas: la exterior, el esmalte, resistente y protector; debajo, la dentina o marfil y, dentro, la pulpa, que contiene los nervios y los vasos sanguíneos.

Capa dura externa de esmalte

Capa sólida de marfil

Corona

Raíz

Nervios y vasos sanguíneos de la pulpa

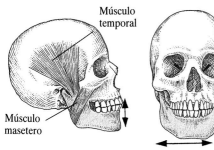

Músculo temporal

Músculo masetero

Cuando masticamos, accionamos el maxilar inferior de abajo hacia arriba, de derecha a izquierda y de adelante hacia atrás y viceversa, mediante dos músculos: el temporal y el masetero. La lengua, que es casi toda ella músculo, desplaza el alimento en la boca, mientras que los músculos de las mejillas lo sujetan entre los dientes.

Pocos dientes caben en los pequeños maxilares de un niño: sólo 20 dientes «de leche» que se le caen a partir de los seis años, empezando por los delanteros; y los sustituyen los dientes definitivos.

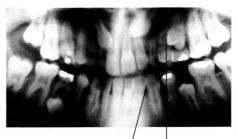

Radiografía panorámica de la dentición de un niño

Diente «de leche»

Diente definitivo desarrollándose en la encía

La frente humana ofrece una forma más abovedada y combada que la de nuestros parientes los simios.

Los amplios y lisos costados del cráneo sirven de plano de inserción del extremo superior del vigoroso músculo temporal, muy importante en la masticación (arriba).

El extremo inferior del músculo temporal se inserta en esta parte del maxilar inferior.

El conducto auditivo (del oído) tiene dos tramos: uno externo, desde el pabellón auricular cartilaginoso hasta el tímpano; y otro interno, muy dentro del hueso temporal, y que contiene los restantes y complicados órganos de la audición.

Esta articulación de la mandíbula es muy móvil: permite abrir y cerrar la boca, adelantar la barbilla y moverla hacia los lados.

El pómulo, o «hueso de la mejilla», más o menos prominente según las personas, está formado por dos huesos: el cigoma, y una extremidad alargada en forma de dedo hacia el temporal (véase págs. 28-29). Protege la parte baja del globo ocular y sirve de asiento al extremo superior del músculo masetero, uno de los importantes para masticar (arriba).

La mandíbula es rígida, y no absorbe las vibraciones. El mentón o barbilla transmite al cerebro los golpes que accidentalmente recibe: el cerebro sufre entonces una sacudida dentro de las membranas que lo acolchan, las meninges. Por ello, un golpe en la barbilla puede producir pérdida del conocimiento.

Cómo está hecho un cráneo

EL CRÁNEO HUMANO empieza su vida como un intrincado rompecabezas de unas treinta piezas que son de cartílago y membrana. A lo largo de la primera y segunda infancias, se van transformando en hueso y crecen conjuntamente hasta formar un sólido estuche que protege el cerebro, los ojos, los oídos internos, la lengua y otros delicados órganos sensoriales. Los huesos, que al comienzo están separados, se van soldando. Sus juntas, las «suturas», pueden verse en la superficie en forma de líneas serpenteantes o de dientes de sierra, que desde los 30 a 40 años empiezan a borrarse y desaparecer. Ese lento proceso permite calcular la edad de la persona a la que perteneció el cráneo. El cráneo propiamente dicho, o «caja del cerebro», se compone de ocho huesos; la cara, de catorce, más dos en el maxilar superior y dos en el inferior. El cráneo también alberga los huesos más pequeños del cuerpo humano: los seis huesecillos del oído interno (véase pág. 59).

Este grabado de Vesalio, el padre de la anatomía, se supone que le inspiró a Shakespeare la escena del cementerio en *Hamlet*.

Los dos maxilares superiores constituyen las regiones principales de la cara, y en ellos se insertan los dientes de arriba.

La cuenca inferior calienta y humedece el aire a la entrada de la nariz.

El hueso palatino constituye la bóveda de la boca, o paladar.

La parte posterior de la cavidad nasal se llama *vómer*.

La mandíbula, o maxilar inferior, dos mitades firmemente unidas.

Los huesos nasales forman el caballete de la nariz.

Cuenca inferior

Apófisis palatina

Líneas de sutura

Maxilar superior

Las fontanelas

En el alumbramiento, la cabeza del neonato se comprime al pasar por el conducto llamado «estrecho inferior» (véase pág. 45). Las fontanelas son «espacios membranosos» que se están osificando, y le permiten a los huesos del cráneo del niño modificarse y deslizarse, e incluso solaparse, con el fin de disminuir los posibles daños al cerebro durante el parto. La mayor de las seis fontanelas está en la cúspide del cráneo. Desaparecen al año de edad.

El pulso del sistema circulatorio del niño puede percibirse bajo la fina membrana de la fontanela superior.

Cráneo de adulto

Cráneo de recién nacido

La cara aplanada

Los fósiles descubiertos hasta nuestros días nos informan acerca de la evolución del cráneo humano. A la derecha se muestran los de algunos de nuestros probables antepasados. Gradualmente, la cara se ha aplanado, la barbilla ha avanzado, los dientes se han vuelto menores, las mejillas menos protuberantes y la frente se ha abombado para alojar un cerebro cada vez mayor.

Australopithecus, Mono del Sur

Homo erecutus, Hombre erguido, o de Java

Homo sapiens neanderthalensis, Hombre de Neanderthal

Homo sapiens sapiens, Hombre actual

Hace entre 3 y 2 millones de años

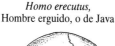

Hace 750.000 años

Hace entre 100.000 y 400.000 años

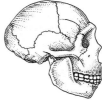

Desde hace 40.000 años hasta hoy

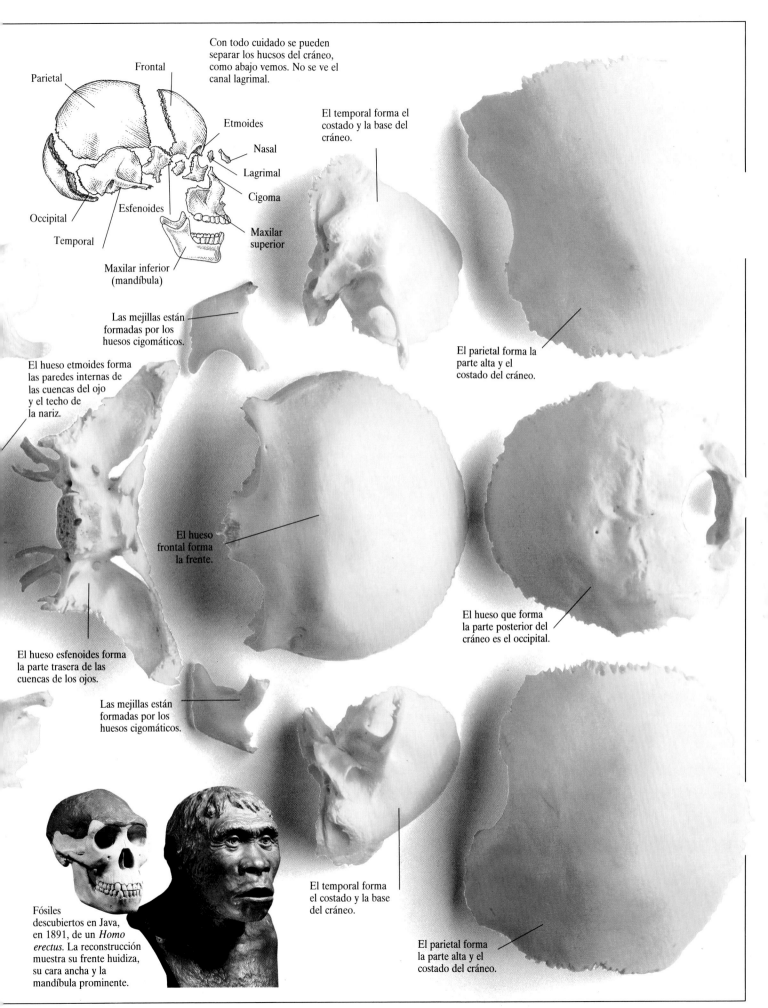

Parietal

Frontal

Con todo cuidado se pueden separar los huesos del cráneo, como abajo vemos. No se ve el canal lagrimal.

Etmoides

Nasal

Lagrimal

Cigoma

Occipital

Esfenoides

Temporal

Maxilar
superior

Maxilar inferior
(mandíbula)

El temporal forma el
costado y la base del
cráneo.

Las mejillas están
formadas por los
huesos cigomáticos.

El parietal forma la
parte alta y el
costado del cráneo.

El hueso etmoides forma
las paredes internas de
las cuencas del ojo
y el techo de
la nariz.

El hueso
frontal forma
la frente.

El hueso esfenoides forma
la parte trasera de las
cuencas de los ojos.

El hueso que forma
la parte posterior del
cráneo es el occipital.

Las mejillas están
formadas por los
huesos cigomáticos.

Fósiles
descubiertos en Java,
en 1891, de un *Homo
erectus*. La reconstrucción
muestra su frente huidiza,
su cara ancha y la
mandíbula prominente.

El temporal forma
el costado y la base
del cráneo.

El parietal forma
la parte alta y el
costado del cráneo.

Cráneos de animales

CADA UNA DE LAS ESPECIES ANIMALES posee su forma característica de cráneo, modelado por la evolución para acomodarse a su modo de vida particular. Unos cráneos son ligeros, con huecos para aliviar peso, mientras que otros son gruesos y fuertes. Unos son largos y afilados, para meterlos en agujeros y hurgar en ellos, mientras que otros son cortos y anchos. Todos los cráneos que aquí vemos tienen mandíbulas: cosa que parece poco digna de destacar, pero lo cierto es que las mandíbulas suponían ya un gran paso hacia adelante cuando los animales empezaron a evolucionar al estadio de pez, hace unos 450 millones de años. Los seres que las poseían eran capaces de lograr grandes bocados de alimento y de reducirlos a pedazos lo suficientemente pequeños para poderlos tragar. Antes, los peces no tenían mandíbulas y se contentaban con chupar o con cribar el alimento contenido en el lodo.

El cráneo típico de un ave es muy ligero con grandes cuencas para los ojos, y una cavidad pequeña y redonda para el cerebro.

La avoceta tiene un pico vuelto hacia arriba, para cerner el agua del mar.

El alcatraz es un ave vigorosa, con un pico largo y aerodinámico; para capturar peces se lanza en picado desde lo alto sobre su presa.

El pico aserrado del somorgujo le permite aferrar peces para alimentarse.

La lechuza leonada tiene un cráneo ancho que alberga unos ojos enormes.

Para cascar semillas, el papagayo del Amazonas tiene un pico recio y ganchudo.

El mirlo posee un pico multiuso, apto para capturar y comer insectos, gusanos, bayas y semillas.

El largo pico curvo hacia abajo del chorlito le sirve para rebuscar presas menudas.

En muchas clases —o especies— de animales, todos los individuos tienen un cráneo muy parecido. Todos los perros domésticos pertenecen a una misma especie, la del *Canis familiaris*. Pero, a lo largo de los siglos, el hombre ha ido seleccionándolos mediante la crianza, para lograr determinadas características (abajo). Algunos poseen cráneos anchos y largos (por lo general, los perros auxiliares para el trabajo), mientras que las castas de poco tamaño suelen ser más «decorativas».

El pico del ánade real, ancho y plano, «chapotea» en el agua en busca de pequeñas presas.

El hámster roe semillas y frutos secos con su amplia dentadura delantera.

La dentadura del erizo, copiosa pero uniforme, indica que se alimenta de insectos y otros animales menudos.

Los ojos del conejo están a ambos lados de la cabeza, para poder vigilar a su alrededor la llegada de los predadores.

Los ojos de la rana, que miran de frente, le sirven para apreciar mejor la distancia a la que se halla la presa.

La prolongada nariz del armadillo le sirve para ventear las hormigas y otros animalillos menudos.

El cráneo pesado y rechoncho del tejón, con pronunciados caninos, denota su actividad de cazador.

La crianza selectiva del perro bóxer le ha llevado a poseer un hocico chato, con una mandíbula inferior que sobresale.

Mandíbula inferior saliente

El perro collie posee un hocico más «natural», parecido al de su antepasado el lobo.

Hocico alargado

La larguísima nariz localiza
las hormigas por el olfato.

El hocico enormemente
largo del oso hormiguero
contiene una lengua que el
animal puede sacar fuera
más de 60 cm.

Ventanas
de la nariz

El oso hormiguero no tiene
dientes, las hormigas requieren
poca masticación.

Cubierta córnea,
queratina, sobre
el hueso.

Cuenca
del ojo

Hueso de
la mejilla

Cráneo de alce
con sus amplios
cuernos.

Forro de piel, borra,
que nutre al asta en
su crecimiento; la
borra se cae en
verano.

El tití, mono
suramericano,
tiene unos ojos
grandes para ver
mejor en su sombrío
entorno de la selva tropical.

El cráneo del antílope es de forma
parecida al del ciervo (derecha),
pero sus cuernos, astas, son
muy diferentes: no tienen
ramificaciones, sino que
están curvados y retorcidos,
ofreciendo una forma
geométrica interesante.
Las astas tienen un
núcleo óseo y una
cubierta externa
ósea más blanda.

Asta sin
la borra

Este mono
lanudo,
también
suramericano, se
alimenta de fruta
madura y de hojas.

Canino

Incisivo

Cuerno
anillado

Caja
craneana

Juntas, suturas,
entre los huesos
del cráneo.

El estrecho hocico
del ciervo le sirve
para conseguir
alimento en cualquier
grieta de difícil acceso.
Sus astas son
excrecencias óseas de
la parte alta del cráneo.
Se le caen todos los años
y progresivamente van
creciéndole con mayor
número de ramificaciones.

Las largas
mandíbulas
del mandril
le ofrecen
amplias superficies
dentales para triturar
raíces, bulbos y fruta.

Huesos
nasales

Dientes incisivos
para pacer hierba

Los monos tienen ojos grandes que
miran de frente para medir mejor las
distancias cuando saltan de rama en
rama. También localizan el alimento con
la vista: la cara chata del mono indica
que tiene una nariz corta y poco
sensible. Su caja craneana es
relativamente grande en comparación
con la de otros animales.

Los sentidos de los animales

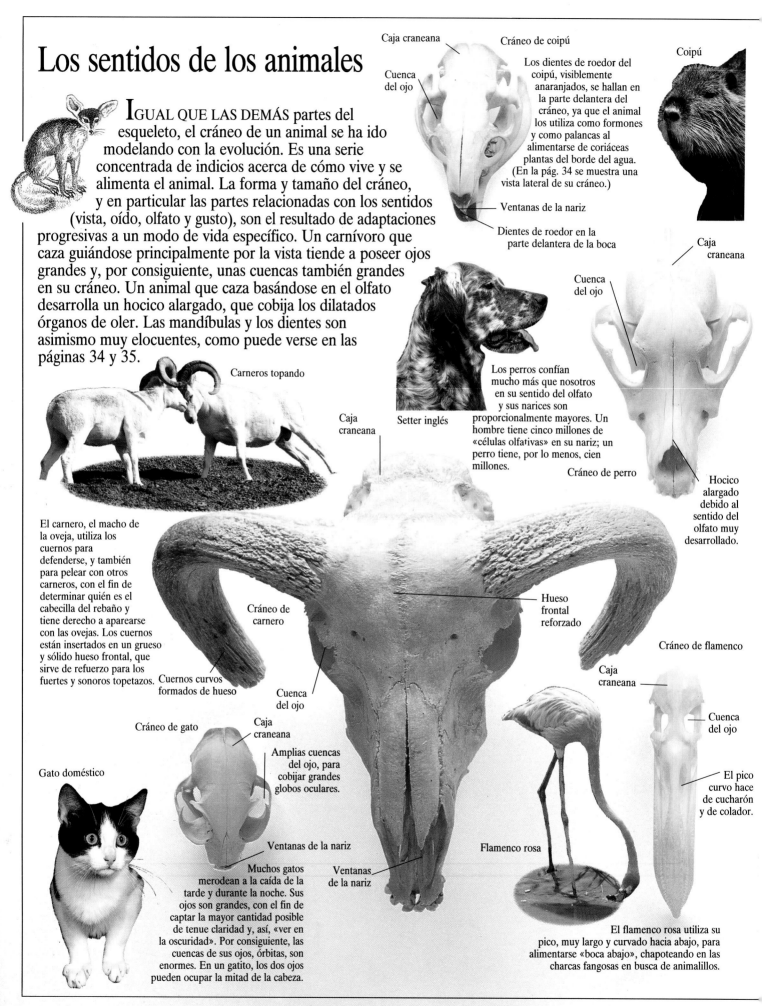

IGUAL QUE LAS DEMÁS partes del esqueleto, el cráneo de un animal se ha ido modelando con la evolución. Es una serie concentrada de indicios acerca de cómo vive y se alimenta el animal. La forma y tamaño del cráneo, y en particular las partes relacionadas con los sentidos (vista, oído, olfato y gusto), son el resultado de adaptaciones progresivas a un modo de vida específico. Un carnívoro que caza guiándose principalmente por la vista tiende a poseer ojos grandes y, por consiguiente, unas cuencas también grandes en su cráneo. Un animal que caza basándose en el olfato desarrolla un hocico alargado, que cobija los dilatados órganos de oler. Las mandíbulas y los dientes son asimismo muy elocuentes, como puede verse en las páginas 34 y 35.

Caja craneana

Cráneo de coipú

Cuenca del ojo

Los dientes de roedor del coipú, visiblemente anaranjados, se hallan en la parte delantera del cráneo, ya que el animal los utiliza como formones y como palancas al alimentarse de coriáceas plantas del borde del agua. (En la pág. 34 se muestra una vista lateral de su cráneo.)

Coipú

Ventanas de la nariz

Dientes de roedor en la parte delantera de la boca

Caja craneana

Cuenca del ojo

Los perros confían mucho más que nosotros en su sentido del olfato y sus narices son proporcionalmente mayores. Un hombre tiene cinco millones de «células olfativas» en su nariz; un perro tiene, por lo menos, cien millones.

Setter inglés

Caja craneana

Cráneo de perro

Hocico alargado debido al sentido del olfato muy desarrollado.

Carneros topando

El carnero, el macho de la oveja, utiliza los cuernos para defenderse, y también para pelear con otros carneros, con el fin de determinar quién es el cabecilla del rebaño y tiene derecho a aparearse con las ovejas. Los cuernos están insertados en un grueso y sólido hueso frontal, que sirve de refuerzo para los fuertes y sonoros topetazos.

Cráneo de carnero

Hueso frontal reforzado

Cuernos curvos formados de hueso

Cuenca del ojo

Cráneo de flamenco

Caja craneana

Cráneo de gato

Caja craneana

Amplias cuencas del ojo, para cobijar grandes globos oculares.

Cuenca del ojo

Gato doméstico

El pico curvo hace de cucharón y de colador.

Ventanas de la nariz

Muchos gatos merodean a la caída de la tarde y durante la noche. Sus ojos son grandes, con el fin de captar la mayor cantidad posible de tenue claridad y, así, «ver en la oscuridad». Por consiguiente, las cuencas de sus ojos, órbitas, son enormes. En un gatito, los dos ojos pueden ocupar la mitad de la cabeza.

Ventanas de la nariz

Flamenco rosa

El flamenco rosa utiliza su pico, muy largo y curvado hacia abajo, para alimentarse «boca abajo», chapoteando en las charcas fangosas en busca de animalillos.

Caja
craneana

Cuenca del ojo
en lo alto de
la cabeza.

Visto de frente, en este
cocodrilo sólo se
aprecian por encima
del agua los ojos en un
costado de la cabeza.

Dientes distribuidos
a lo largo del borde
del maxilar superior.

Largos dientes en
la punta del maxilar.

Ventana de la nariz
en la punta del hocico.

El gavial es un pariente
indio del cocodrilo. Tiene
las ventanas de la nariz en
la punta del hocico y los
ojos dispuestos en la parte alta
de la cabeza, con lo cual, a la
vez que nada silenciosamente
al acecho de una presa, puede
respirar y mantener su
vigilancia ante la aparición
de un peligro o de un posible
alimento.

Cráneo de gavial

Plano de inserción
de los músculos
de la mejilla.

Lechuza harfang, o de las
nieves, con grandes ojos
adaptados a la
caza nocturna.

Los ojos de una
lechuza están adaptados
tan perfectamente a la visión en
la oscuridad que son demasiado grandes
para poder girar en las cuencas de su
cráneo. Para mirar a los lados,
la lechuza tiene que volver la cabeza
rápidamente gracias a las vértebras
flexibles de su cuello (véase pág. 18).

Cocodrilo nadando

Cráneo de asno

Caja craneana

Cuenca del ojo
en un costado
de la cabeza.

La larga boca
y las amplias mejillas
del asno dan acomodo
a sus poderosos
músculos masticatorios.
Al igual que muchos
animales amenazados
por carnívoros, el asno
tiene los ojos
dispuestos a ambos
lados del cráneo con el
fin de mantener la
vigilancia ante el
peligro en todo su
campo visual.

Un asno puede mover sus largas orejas
para captar de dónde viene un sonido.

Ventanas de la nariz

33

Los maxilares y la alimentación

Roedores

Los ratones, ratas, ardillas y coipús son roedores. Son herbívoros, pero sus cuatro dientes delanteros son grandes y agudos, especialmente adaptados para roer.

LA FORMA DE LOS MAXILARES y de los dientes de un animal nos informa acerca del tipo de alimentos que consume. Los maxilares largos y delgados, con dientes pequeños en la parte delantera, son aptos para hurgar y mordisquear. Son útiles para comer alimentos menudos, como bayas o insectos; pero no tienen la fuerza para machacar de los maxilares cortos y anchos, con grandes dientes en la parte trasera. Este tipo de mandíbula sirve para triturar materia vegetal recia o para quebrar huesos o cartílago. Muchos animales tienen una fórmula dentaria combinada: desde delante hasta la mitad de los maxilares tienen dientes afilados para cortar y tajar; y en la mitad trasera dientes planos para machacar y triturar.

En esta amplia zona se insertan los músculos de la mandíbula y el cuello para masticar y dar tirones.

Cráneo de coipú

Esmalte anaranjado en los incisivos.

Muesca para el cierre de la boca.

Los dientes delanteros de un roedor no dejan nunca de crecer, si bien se desgastan continuamente con el uso.

Coipú

La muesca en la hilera de dientes permite que los labios cierren el interior de la boca cuando el animal está royendo.

El maxilar inferior se mueve hacia arriba y hacia abajo

Herbívoros

Las vacas, los caballos, los camellos, las ovejas, las cabras y los ciervos son herbívoros: se alimentan sólo de plantas. Su mandíbula inferior es por lo general muy recia en la parte trasera, procurando así un plano muy amplio para la inserción del poderoso músculo de la masticación. Una articulación especial permite movimientos laterales de los maxilares, así como de los movimientos de la masticación, hacia arriba y hacia abajo.

Recio maxilar inferior para la inserción de los músculos.

Cabra

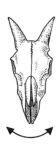

La mandíbula inferior se mueve de un lado al otro, y de atrás hacia adelante.

Al igual que muchos herbívoros, la cabra no tiene dientes delanteros superiores. Arranca el alimento con su vigorosa lengua y sus fuertes labios, sus encías superiores con rodete córneo y sus pequeños incisivos inferiores (que aquí faltan). Sus maxilares se desplazan asimismo de adelante hacia atrás para facilitar la trituración.

Cráneo de cabra

Posición del rodete córneo

Molares y premolares para la trituración

La muesca permite que la lengua manipule el bolo alimenticio.

Lugar de los incisivos inferiores.

Omnívoros

Los omnívoros son animales que comen tanto plantas como otros animalillos: lo mismo bayas que cartilaginosos bocados de carne.

Cráneo de chimpancé

Movimiento lateral limitado

La mandíbula inferior se mueve hacia arriba y hacia abajo.

Lugar de inserción del músculo temporal

Cresta ósea profunda de inserción del músculo masetero.

Chimpancé

Recios caninos

Los maxilares y la dentadura del chimpancé son semejantes a los nuestros, pero mayores en comparación con su cráneo. Sirven principalmente para trocear y masticar, ya que el animal se lleva el alimento a la boca con las manos. La articulación de la mandíbula inferior de un chimpancé es mucho más rígida que la del hombre, por lo cual el animal no puede masticar con un amplio movimiento hacia los lados, como lo hacemos nosotros. Debido a ello, sus dientes ofrecen una superficie de picos y cúspides, que contrasta con la nuestra, más redondeada.

Carnívoros

Los animales con maxilares y dentadura adaptados exclusivamente a comer carne se denominan carnívoros, y entre ellos están los leones, tigres, gatos y perros. Muchos de ellos tienen vigorosos y pesados maxilares en relación con el tamaño de su cuerpo. El músculo temporal, que sirve para cerrar la cavidad bucal, va desde la parte trasera del maxilar inferior hasta la pestaña de inserción en la zona posterior del cráneo, lo cual les permite morder vigorosamente, aun cuando la boca esté totalmente abierta.

Cráneo de león

Los caninos sujetan y despedazan la presa.

El maxilar inferior se mueve solamente hacia arriba y hacia abajo.

León

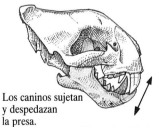

El león posee una cresta ósea maciza desde la cual el recio músculo masetero va hasta el maxilar inferior, lo cual le confiere gran fuerza de trituración, incluso cuando la boca esté casi cerrada. Sus temibles dientes frontales tienen hondas raíces para aferrar fuertemente la presa cuando ésta se debate.

Lugar de inserción del músculo masetero

Los puntiagudos molares desgarran uno tras otro la carne.

Dentaduras de animales

DEBIDO A LAS NUMEROSAS TAREAS a las que están adaptadas
las dentaduras de los animales, su tamaño y su forma son muy
variados. Los dientes del hombre son relativamente pequeños
y no están particularmente especializados: disponemos del
cocinado y de tenedores y cuchillos para ablandar y fragmentar
los alimentos. Los dientes de los animales tienen labores muy
diversas que cumplir, desde el simple morder y trocear, hasta
masticar, machacar, roer, mondar, excavar, defenderse y hasta
comunicarse. La dentadura nos brinda muchos datos, desde el tipo
de alimento que consume el animal que la posee hasta su edad. Al envejecer, las encías
de los animales se van encogiendo y los dientes parecen más largos porque queda al
descubierto una parte mayor. Los dientes de
mayor tamaño son los colmillos del elefante; el
menor, el diente de la lengua de una babosa.

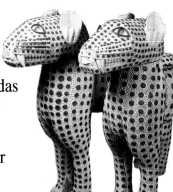

Para confeccionar cada uno
de estos dos leopardos,
procedentes de Kenia, se
empleó el marfil de siete
colmillos de elefante.

Un número incontable de elefantes fueron muertos
para arrancarles sus colmillos de marfil: esta materia
se utilizaba para las teclas blancas de los
pianos, para las bolas de billar y para
objetos exóticos de talla. La caza está
ahora controlada, aunque sigue
de manera furtiva.

Muela de
un elefante
africano.

Surco
de esmalte

Cemento

Los elefantes tienen seis muelas a cada lado de los maxilares
superior e inferior. Se desarrollan una por una y se mueven hacia
adelante a modo de cinta transportadora. Solamente una o
dos de cada lado del maxilar actúan
a la vez. Cuando se ha desgastado
el último juego de muelas, el
animal ya no puede
comer. Los surcos
de la muela
demuestran
su eficacia
para triturar.

Raíz trasera

Dentina
entre los surcos

Raíz delantera

Herbívoros y carnívoros

Los herbívoros, como los caballos o las cebras (véase pág. 34), tienen que reducir a pulpa
el alimento antes de tragarlo ya que la materia vegetal sin masticar es muy difícil de digerir
químicamente por el estómago y el intestino. Sus molares, muelas, son anchos y planos.
Los carnívoros, como sólo comen carne (véase pág. 35), tienen dientes
y muelas muy puntiagudos para sujetar y trocear; necesitan masticar
menos porque la carne es fácil de digerir.

Maxilar inferior de caballo

Incisivos para
segar la hierba

Corte transversal del
maxilar para mostrar
las largas coronas.

Dientes de perro

Muelas

Superficie ancha
para mascar

Muela
para quebrar
huesos

Muela
carnicera
cortante

Premolar
para
aplastar

Largo
canino
punzante

Pequeño
incisivo
para sujetar

Los incisivos del caballo, situados en la
parte delantera de la boca, agarran y
arrancan grandes bocados de hierba. Los
gruesos molares y premolares machacan el
alimento y le reducen a pulpa. Esos dientes
están hondamente fijados en los maxilares,
como puede verse en este corte transversal
del hueso maxilar inferior de un caballo.

Esta selección de dientes del maxilar
superior de un perro nos muestra las
características de un carnívoro.
Cada tipo de diente tiene una
función específica y adopta su
forma particular.

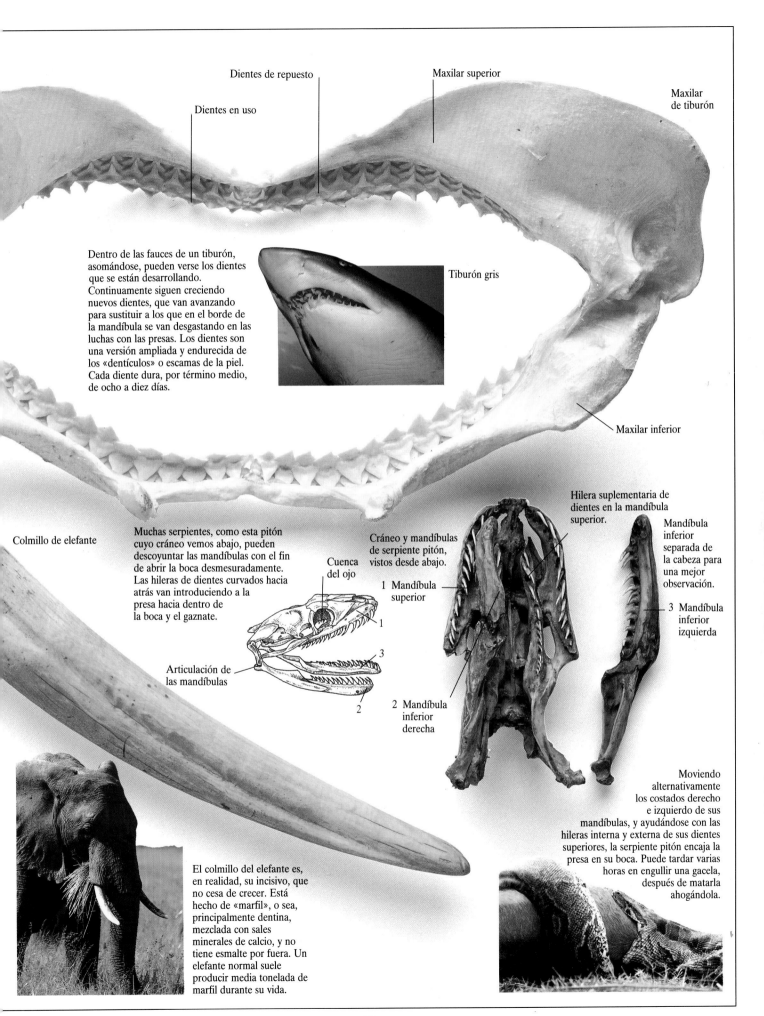

Dientes de repuesto

Dientes en uso

Maxilar superior

Maxilar de tiburón

Dentro de las fauces de un tiburón, asomándose, pueden verse los dientes que se están desarrollando. Continuamente siguen creciendo nuevos dientes, que van avanzando para sustituir a los que en el borde de la mandíbula se van desgastando en las luchas con las presas. Los dientes son una versión ampliada y endurecida de los «dentículos» o escamas de la piel. Cada diente dura, por término medio, de ocho a diez días.

Tiburón gris

Maxilar inferior

Colmillo de elefante

Muchas serpientes, como esta pitón cuyo cráneo vemos abajo, pueden descoyuntar las mandíbulas con el fin de abrir la boca desmesuradamente. Las hileras de dientes curvados hacia atrás van introduciendo a la presa hacia dentro de la boca y el gaznate.

Cráneo y mandíbulas de serpiente pitón, vistos desde abajo.

Cuenca del ojo

1 Mandíbula superior

Articulación de las mandíbulas

2 Mandíbula inferior derecha

Hilera suplementaria de dientes en la mandíbula superior.

Mandíbula inferior separada de la cabeza para una mejor observación.

3 Mandíbula inferior izquierda

El colmillo del elefante es, en realidad, su incisivo, que no cesa de crecer. Está hecho de «marfil», o sea, principalmente dentina, mezclada con sales minerales de calcio, y no tiene esmalte por fuera. Un elefante normal suele producir media tonelada de marfil durante su vida.

Moviendo alternativamente los costados derecho e izquierdo de sus mandíbulas, y ayudándose con las hileras interna y externa de sus dientes superiores, la serpiente pitón encaja la presa en su boca. Puede tardar varias horas en engullir una gacela, después de matarla ahogándola.

La columna vertebral humana

LOS VEINTICUATRO HUESOS que forman la espina dorsal del cuerpo humano constituyen una verdadera columna de vértebras que sirve de soporte vertical a la cabeza, los brazos y las piernas. Nos permite agacharnos y encorvarnos, girar y mover la cabeza hacia arriba y hacia abajo, y volver los hombros y las caderas hacia los lados. En un principio hizo la función de viga horizontal, para sustentar el peso del pecho y el abdomen: los mamíferos prehistóricos anduvieron casi seguramente a cuatro patas (véase pág. 46). Cuando el hombre está erguido, la columna vertebral, vista de perfil, tiene una ligera forma de S, con el fin de equilibrar las diversas partes del cuerpo sobre los pies y las piernas, aliviando así grandemente la tensión muscular. La columna vertebral actúa según el principio de los eslabones de una cadena: muchos pequeños movimientos se suman. Cada vértebra sólo puede moverse un poco en relación con las contiguas; pero, al repercutir en la fila entera, eso significa que la espalda puede inclinarse el doble. La columna vertebral que abajo mostramos está «tumbada», con el extremo cercano a la cabeza a la izquierda y la «cola» a la derecha.

En este grabado, tomado de un libro de anatomía de 1685, se muestra una vista dorsal del esqueleto humano.

Vista de perfil, la columna vertebral tiene una leve forma de S. Esto ayuda a que los centros de gravedad de la cabeza, los brazos, el pecho y el abdomen descansen en las piernas, con lo cual el conjunto del cuerpo está bien equilibrado.

Las dos primeras vértebras superiores se denominan atlas y axis. Toda la parte superior de la columna contribuye a los movimientos de la cabeza, pero esas dos vértebras están específicamente destinadas a permitir el cabeceo y los giros laterales.

La vértebra atlas permite los cabeceos hacia abajo y hacia atrás.

La vértebra axis permite los giros laterales.

En el cuello hay siete vértebras, llamadas cervicales. Nos permiten girar la cabeza casi las tres cuartas partes de un círculo sin mover los hombros. Al girar a la vez los ojos, podemos ver casi el círculo entero. Para sustentar la cabeza sobre el cuello hay unos músculos que van desde las «alas», apófisis transversas y espinosa, que hay a cada lado y detrás de las vértebras, hasta el cráneo, las paletillas y las vértebras inferiores.

La vértebra más alta, la atlas, permite los movimientos de cabeceo hacia adelante y hacia atrás del cráneo. Los movimientos hacia los lados provienen del giro de la atlas sobre la segunda, la axis.

Vértebra cervical vista desde atrás.

Las vértebras van creciendo de tamaño cuanto más abajo estén en la columna, puesto que tienen que sustentar un peso cada vez mayor. Hay doce vértebras del pecho, torácicas, una por cada par de costillas. Las costillas se unen al cuerpo de la vértebra en las llamadas facetas costales. Los diez pares superiores de costillas también se articulan en otras facetas costales de las apófisis transversas de las vértebras, para lograr mayor estabilidad. Estas dos series de articulaciones se mueven ligeramente cada vez que respiramos.

Vértebra torácica vista desde detrás

Faceta costal para articulación de la punta de la costilla.

Cuerpo, centro, de la vértebra

Apófisis transversa

Apófisis transversa

Vértebra cervical vista desde arriba.

Canal neural, agujero vertebral para la médula espinal.

Arco neural

Vértebra torácica vista desde arriba.

Apófisis espinosa

Apófisis espinosa

Los amplios agujeros de cada una de las vértebras se alinean formando un túnel óseo, el canal neural. Dentro, bien protegida contra golpes y torsiones, está la delicada médula espinal. Los nervios raquídeos van a la médula, y de ella salen, a través de unas aberturas entre las vértebras: los agujeros de conjunción. Cuando, por accidente, se aplasta un disco cartilaginoso entre dos vértebras y presiona la médula, la afección resultante se llama «hernia de disco».

Cerebro

Nervios superiores

Médula espinal

Nervios inferiores

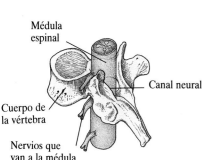

Médula espinal

Canal neural

Cuerpo de la vértebra

Nervios que van a la médula espinal y salen de ella.

La delicada médula espinal corre a lo largo del canal neural formado por las vértebras una encima de otra.

Los huesos de la espina dorsal están apilados uno encima de otro, dejando en el centro un canal continuo surcado por la médula espinal, que procede del cerebro a través del agujero occipital (véase pág. 26). Los numerosos nervios se ramifican desde el canal neural a través de cada dos vértebras por los agujeros de conjunción.

Vista frontal de la espina dorsal, mostrando la continuidad de la columna de vértebras.

La columna vertebral posee mayor flexibilidad en nuestra juventud, como nos muestra esta ágil gimnasta en la barra. Según vamos envejeciendo, nos crecen otras protuberancias óseas en las vértebras, y los discos cartilaginosos que hay entre ellas se endurecen, lo cual quita flexibilidad a la columna.

Las cinco vértebras más bajas, llamadas lumbares, sustentan el peso del cuerpo. Sus apófisis transversas y la espinosa son por consiguiente más gruesas, para ofrecer mayor superficie de inserción a los fuertes músculos que torsionan y pliegan la parte baja de la espalda. Entre cada dos vértebras hay un disco de cartílago que hace de almohadilla; los discos reciben una fortísima presión y pueden quedar «herniados» o «pinzados».

El sacro forma parte de la pelvis

La parte trasera de la pelvis, el cuenco óseo de la cadera, está formada por cinco vértebras que se han ido soldando a lo largo del desarrollo. Constituyen un sólido hueso llamado el «sacro», situado, a modo de cuña, entre las otras partes de la pelvis (véase pág. 44). La parte final de la columna vertebral es el cóccix («hueso de la cola» o «rabadilla»), formado por unas cuatro vértebras soldadas.

El cóccix, la «cola» humana

Vértebra lumbar, vista desde atrás

Cuerpo de la vértebra

Apófisis transversal

Canal neural: agujero para la médula espinal

Vértebra lumbar, vista desde arriba

Apófisis espinosa

Arco neural

Espinas dorsales de animales

TODOS LOS PECES, los reptiles, los anfibios, los pájaros y los mamíferos tienen una hilera de huesos en su espalda, comúnmente llamada el espinazo o la espina dorsal. Es la característica que los agrupa con el nombre de vertebrados, animales con espina dorsal, con «vértebras», lo cual les diferencia de los invertebrados como son los insectos o los gusanos (véase pág. 22). El diseño básico de la espina dorsal está formado por una fila de pequeños huesos, alineados en una columna flexible, que comienza en el cráneo y termina por lo general en una cola. Sin embargo, el número de vértebras de cada individuo varía, desde las nueve de una rana hasta las más de cuatrocientas en algunas serpientes...

El final de la espina dorsal de un lemur, su cola, es prensil, y le sirve como quinto miembro para agarrarse a las ramas cuando trepa; también le deja las manos libres para comer.

Lemures de cola anillada

Longitud del morro a la cola: 87 cm.

Las dos primeras vértebras le permiten agachar, levantar y girar la cabeza.

Un zorro tiene unas cincuenta vértebras, pero aproximadamente la mitad de ellas forman su cola. Las de la zona de las caderas tienen unas anchas pestañas para la inserción de los músculos y ligamentos que afianzan la pelvis.

Zorro común

Zona del estómago

Los omóplatos se articulan aquí

En una serpiente, cada vértebra, con su par de costillas, es virtualmente idéntica a las demás. Su esqueleto es todo él espinazo, puesto que no tiene ni brazos, ni piernas, ni omóplatos ni pelvis. Las serpientes grandes, como esta pitón, utilizan la escamas del vientre para moverse. Las escamas, unidas a las costillas, están encajadas en grupos hacia atrás, con los filos traseros inclinados hacia abajo para hincarse en el suelo.

Esqueleto de pitón

Pitón reticulada

Cráneo

Zona del corazón

Mandíbula inferior

La falta de miembros no parece ser una limitación para las serpientes, como esta pitón reticulada: se mueven con gran rapidez, trepan, nadan y excavan madrigueras.

Costilla

Zona del intestino

Espina dorsal de un tiburón

Discos de
cartílago

Tiburón gris

El «espinazo»
de un tiburón justifica algo más su nombre,
porque no es de hueso, como tampoco el
resto de su esqueleto: está hecho de
cartílago o ternilla. La parte
central de cada «vértebra»
o disco cartilaginoso
está, como aquí vemos,
endurecida con sales
minerales como
el calcio.

La apófisis espinosa sirve
de plano de inserción de los
músculos que mueven la cola
hacia arriba y hacia abajo,
con lo cual la ballena avanza.

Las apófisis transversas,
que apuntan hacia adelante,
encajan en las muescas de
la vértebra anterior.

Radios de refuerzo,
de sales minerales duras

Si desmontamos una espina dorsal,
veremos mejor la forma de cada una de las
vértebras. La masa redonda central, el
cuerpo, se apoya en las vértebras anterior y
posterior. En su parte alta tienen un
agujero, el canal neural, a través del cual
pasa, bien protegida, la médula espinal.
Las «alas» del hueso, las apófisis
transversas, sirven de puntos de inserción
de los músculos que mueven el lomo y, en
un animal de cuatro patas, soportan el peso
oscilante y colgante del cuerpo.

La pelvis se articula en
el sacro, vértebras
soldadas.

Espina dorsal
de un zorro

Apófisis
espinosa

Apófisis
espinosa

Cuerpo de
la vértebra

Vértebra de hurón

Agujero para
la médula espinal:
canal neural.

Arco neural

Canal neural

Las vértebras de los delfines tienen
unas alas óseas bastante desarrolladas,
en las que se insertan los músculos que
hacen que su lomo ondule, y muy
grandes en comparación con las del
hurón que a su lado vemos. Ello se
debe a que el delfín nada exclusivamente
mediante ondulaciones de su espina dorsal,
mientras que el hurón, aunque también
se mueve sinuosamente, lo hace sobre
todo con ayuda de los músculos
de sus patas.

Apófisis
transversa
Cuerpo de
la vértebra

Vértebra de delfín

Vértebra
de ballena

Apófisis transversa

Esta vista posterior de una vértebra
de ballena, el mayor de los mamíferos,
deja ver el sistema de clavijas y
muescas que impiden que la espina
dorsal sufra demasiada torsión. Las
apófisis transversas apuntan hacia
adelante y encajan en la vértebra que
les precede; las apófisis de la vértebra que
les sigue encajan en las muescas de ésta.

La caja torácica

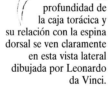

PROBLEMA: los pulmones tienen que hincharse y deshincharse, y crecen y menguan al respirar; y, además, necesitan protección contra los golpes o empujones. Una sólida caja protectora de hueso, como el cráneo alrededor del cerebro, sería demasiado rígida. Solución: una jaula flexible con barrotes móviles, las costillas. Poco espaciadas, y con recios ligamentos entre ellas, las costillas brindan una buena protección a los delicados pulmones. Además, cada una de las costillas es delgada y flexible, de manera que puede absorber los golpes sin quebrarse ni perforar el vital precinto hermético alrededor de los pulmones. Las costillas tienen movilidad en los puntos que engarzan con la columna vertebral y con el esternón. Al respirar, los músculos elevan las costillas hacia arriba y las hacen oscilar hacia afuera, incrementando así el volumen del pecho y absorbiendo aire dentro de los pulmones.

Las costillas protegen a los pulmones y los demás órganos contenidos en el pecho, como son el corazón y los principales vasos sanguíneos; asimismo cobijan el estómago, el hígado y demás vísceras de la porción superior del abdomen. Esos órganos se alojan debajo del diafragma, un músculo de forma abovedada que constituye la base del pecho, lo cual quiere decir que están por encima del nivel de las costillas inferiores.

La profundidad de la caja torácica y su relación con la espina dorsal se ven claramente en esta vista lateral dibujada por Leonardo da Vinci.

Clavícula

Esternón

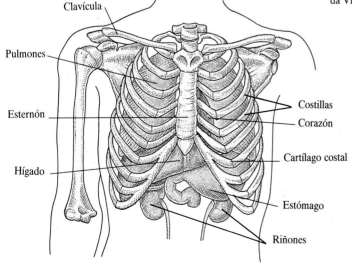

Clavícula

Pulmones

Esternón

Hígado

Costillas

Corazón

Cartílago costal

Estómago

Riñones

La caja torácica, jaula de barrotes óseos, está formada por la columna vertebral, doce pares de costillas arqueadas a ambos lados, y el esternón en la parte delantera.

Cavidad glenoidea del omóplato, donde se articula el hueso superior del brazo, cabeza del húmero.

Omóplato

Los siete primeros pares de costillas son las «verdaderas», unidas al esternón por el cartílago costal.

Cartílago costal

Los pares del octavo al décimo son las costillas «falsas», que no están unidas al esternón, sino a las costillas verdaderas, y cierran la caja con ellas por su extremo delantero superior.

Vértebras

Los pares undécimo y duodécimo son las costillas «flotantes», que están sueltas y no cierran por la parte delantera.

Las armaduras metálicas medievales estaban diseñadas para ofrecer una protección completa. La parte alta, o peto, estaba muy reforzada alrededor del pecho, ya que allí están alojados el corazón y los pulmones, los órganos más vitales.

En el mundo de los invertebrados, las conchas acanaladas, con «costillas», del berberecho forman una envoltura virtualmente impenetrable alrededor del blando animal. Este tipo de concha doble se denomina «bivalva».

Los relatos bíblicos refieren que Eva, la primera mujer, fue creada de una costilla sobrante de Adán. Pero la inmensa mayoría de las personas tienen doce pares de costillas completos. Muy raramente posee un hombre o una mujer once o trece pares: un capricho de la naturaleza.

Los huesos de la cadera humana

SI OS DICEN que señaléis la cadera, probablemente os llevaréis la mano a la cresta que notáis en el costado, justo debajo de la cintura: es la cresta ilíaca. En realidad, está formada por la placa curvada del «hueso de la cadera». La articulación propia de la cadera está en el extremo superior del fémur, escondida profundamente detrás de los gruesos músculos que mueven la pierna, unos diez o doce centímetros debajo de esa cresta. Y el «hueso de la cadera» está constituido por seis huesos en total, aunque en el esqueleto adulto se han soldado. El hueso que tocáis es el «ilion». El hueso «pubis» se halla en la parte inferior delantera y el «isquion» en la inferior trasera. Por detrás, cada uno de los dos «ilion», izquierdo y derecho, se une con la base de la columna vertebral o «sacro», formando un círculo de hueso en forma de cuenco. Toda la cintura ósea se llama la «pelvis» (palabra latina que significa «caldero» o «palangana»). La pelvis humana es una singularidad en el mundo animal: la mayoría de los demás mamíferos que andan a cuatro patas, siempre o a veces, tienen pelvis alargadas. Como nosotros andamos apoyados en las dos piernas, nuestra pelvis ha ido tomando su forma actual redondeada.

Los primitivos mamíferos prehistóricos andaban a cuatro patas, con la espina dorsal y las patas traseras formando ángulo recto. Muchos mamíferos de hoy, como la vaca, conservan ese esquema general (véase página 46). El chimpancé tiene una pelvis menos doblada en ángulo, y puede caminar medio erguido bamboleándose (véase pág. 46). Los animales que andan sobre dos patas, bípedos, han de equilibrar la masa del cuerpo en los dos pies, para evitar volcarse. La pelvis humana se ha vuelto más vertical, con lo que la línea de sustentación baja a lo largo de la columna vertebral, a través de cada mitad de la pelvis, a la articulación de la cadera, y de ahí a lo largo de cada pierna. De ese modo, nuestros brazos quedan libres, lo cual es una gran ventaja, como ha demostrado nuestro éxito en la evolución.

Base de la columna vertebral

Articulación sacroilíaca

Conductos para nervios y vasos sanguíneos.

Sacro

Cóccix, «hueso de la cola».

Pubis

Articulación, sínfisis púbica

Isquion

Hombre, con la pelvis redondeada para andar erguido.

Chimpancé, con la pelvis algo alargada para moverse medio erguido.

Vaca, con la pelvis muy alargada para andar a cuatro patas.

Unos fuertes músculos se insertan en el plano levemente cóncavo de la cara frontal del ilion. Van hacia abajo por la parte delantera de la pierna y, cuando se contraen, hacen que el muslo se levante. Otros músculos equivalentes bajan por la parte trasera de ese hueso y sirven para enderezar la pierna.

En esta vista lateral del ilion vemos, en su mitad, el alveolo en forma de copa que recibe la bola de la cabeza del fémur: se llama cavidad cotiloidea o «acetabulum». Es un cuenco mucho más hondo que su equivalente del hombro. Esto confiere mucha más fuerza y estabilidad a la pelvis, que sustenta el peso de toda la parte superior del cuerpo; en cambio, el hombro tiene mayor flexibilidad.

Vista lateral de la mitad izquierda de la pelvis.

El sacro está formado por cinco vértebras soldadas entre sí. Su forma de cuña le hace encajar bien en la parte posterior de la pelvis, soportando así el peso de la porción superior del cuerpo.

Ilion

Aquí se insertan los músculos que estiran la pierna.

Conductos para los nervios que pasan desde la columna vertebral a las piernas.

Vista posterior de la mitad derecha del sacro.

Cavidad en forma de copa, «acetabulum», donde encaja el fémur por su cabeza.

Los músculos que se insertan en el borde de este hueco y van al fémur giran la rodilla hacia fuera.

Articulación púbica

Cavidad cotiloidea para la bola de la cabeza del fémur.

La concavidad de la pelvis forma una cuna ósea que brinda protección a las vísceras de la porción inferior del cuerpo, como son los intestinos y la vejiga y, en las mujeres, la matriz y demás órganos de la reproducción.

Al nacer, el niño tiene que salir del cuerpo de la madre por un amplio agujero que ella tiene en el centro de la pelvis: el estrecho inferior. Como el diámetro mayor de este hueco es el transversal y el de la cabeza del niño es el frontal, el niño hace un giro para salir con comodidad. La pelvis del hombre tiene un hueco menor.

La pelvis está hacia la mitad del esqueleto humano.

Intestino grueso

Intestino delgado

Matriz

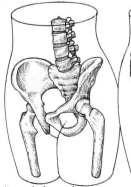

Aquí se ve la forma de cuenco de la pelvis femenina

Vejiga

Niño ya maduro, a punto de nacer

Cavidad que deja paso al niño, estrecho inferior

Pelvis femenina

Pelvis masculina

Los huesos de las caderas de los animales

Pelvis de vaca, vista desde abajo

L A PELVIS, o «huesos de la cadera», transmite el empuje de las piernas o patas al resto del cuerpo. También los cuadrúpedos empujan desde atrás, utilizando sus patas traseras como fuerza de tracción (véase página 56). Las articulaciones en forma de bola y cazoleta, de «rótula», de las cabezas de los fémures hacen que las patas se muevan, mientras que las articulaciones que conectan con la espina dorsal, reforzadas por ligamentos, transmiten la fuerza propulsora al cuerpo. Muchos animales poseen una pelvis alargada, porque se mueven, aunque no sea siempre, andando a cuatro patas. El hombre tiene una pelvis más redondeada porque anda en posición erecta.

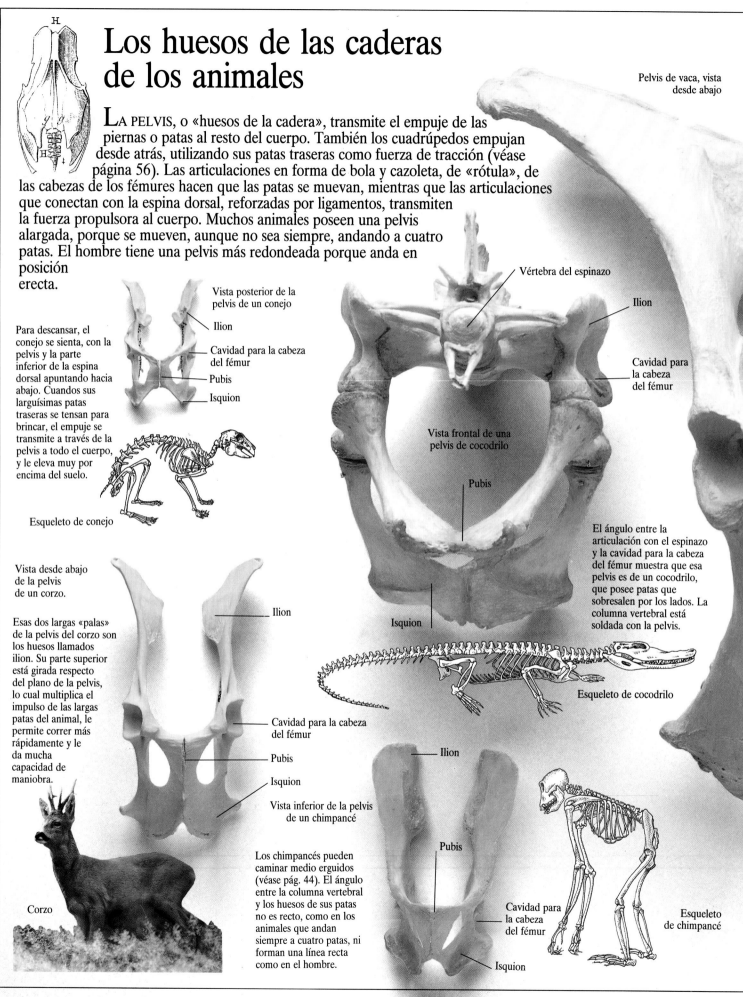

Vista posterior de la pelvis de un conejo

Ilion

Cavidad para la cabeza del fémur

Pubis

Isquion

Para descansar, el conejo se sienta, con la pelvis y la parte inferior de la espina dorsal apuntando hacia abajo. Cuandos sus larguísimas patas traseras se tensan para brincar, el empuje se transmite a través de la pelvis a todo el cuerpo, y le eleva muy por encima del suelo.

Esqueleto de conejo

Vista desde abajo de la pelvis de un corzo.

Esas dos largas «palas» de la pelvis del corzo son los huesos llamados ilion. Su parte superior está girada respecto del plano de la pelvis, lo cual multiplica el impulso de las largas patas del animal, le permite correr más rápidamente y le da mucha capacidad de maniobra.

Corzo

Ilion

Cavidad para la cabeza del fémur

Pubis

Isquion

Vista inferior de la pelvis de un chimpancé

Los chimpancés pueden caminar medio erguidos (véase pág. 44). El ángulo entre la columna vertebral y los huesos de sus patas no es recto, como en los animales que andan siempre a cuatro patas, ni forman una línea recta como en el hombre.

Vértebra del espinazo

Ilion

Cavidad para la cabeza del fémur

Vista frontal de una pelvis de cocodrilo

Pubis

Isquion

El ángulo entre la articulación con el espinazo y la cavidad para la cabeza del fémur muestra que esa pelvis es de un cocodrilo, que posee patas que sobresalen por los lados. La columna vertebral está soldada con la pelvis.

Esqueleto de cocodrilo

Ilion

Pubis

Cavidad para la cabeza del fémur

Isquion

Esqueleto de chimpancé

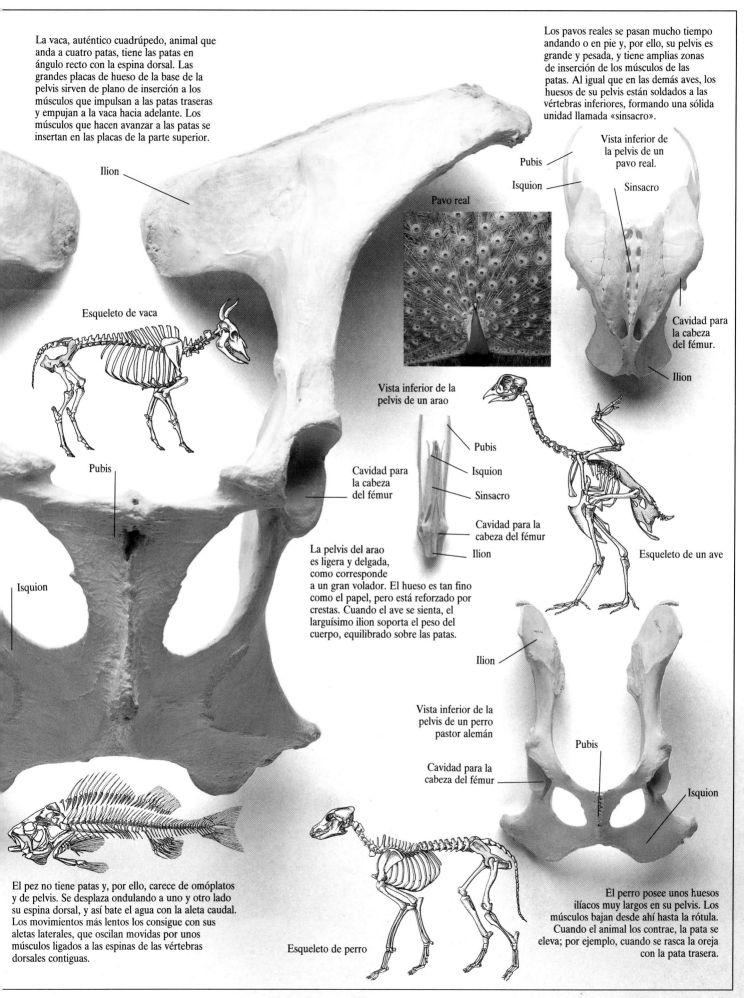

La vaca, auténtico cuadrúpedo, animal que anda a cuatro patas, tiene las patas en ángulo recto con la espina dorsal. Las grandes placas de hueso de la base de la pelvis sirven de plano de inserción a los músculos que impulsan a las patas traseras y empujan a la vaca hacia adelante. Los músculos que hacen avanzar a las patas se insertan en las placas de la parte superior.

Los pavos reales se pasan mucho tiempo andando o en pie y, por ello, su pelvis es grande y pesada, y tiene amplias zonas de inserción de los músculos de las patas. Al igual que en las demás aves, los huesos de su pelvis están soldados a las vértebras inferiores, formando una sólida unidad llamada «sinsacro».

Ilion

Vista inferior de la pelvis de un pavo real.

Pubis

Isquion

Sinsacro

Pavo real

Esqueleto de vaca

Cavidad para la cabeza del fémur.

Ilion

Pubis

Vista inferior de la pelvis de un arao

Cavidad para la cabeza del fémur

Pubis

Isquion

Sinsacro

Cavidad para la cabeza del fémur

Ilion

La pelvis del arao es ligera y delgada, como corresponde a un gran volador. El hueso es tan fino como el papel, pero está reforzado por crestas. Cuando el ave se sienta, el larguísimo ilion soporta el peso del cuerpo, equilibrado sobre las patas.

Esqueleto de un ave

Isquion

Ilion

Vista inferior de la pelvis de un perro pastor alemán

Pubis

Cavidad para la cabeza del fémur

Isquion

El pez no tiene patas y, por ello, carece de omóplatos y de pelvis. Se desplaza ondulando a uno y otro lado su espina dorsal, y así bate el agua con la aleta caudal. Los movimientos más lentos los consigue con sus aletas laterales, que oscilan movidas por unos músculos ligados a las espinas de las vértebras dorsales contiguas.

Esqueleto de perro

El perro posee unos huesos ilíacos muy largos en su pelvis. Los músculos bajan desde ahí hasta la rótula. Cuando el animal los contrae, la pata se eleva; por ejemplo, cuando se rasca la oreja con la pata trasera.

El brazo y la mano del hombre

Aquí se inserta el músculo trapecio, que sujeta el omóplato en lo alto de la espalda.

Los dos prominentes «pitones» del omóplato («scapula», en latín) forman un arco sobre la cabeza del húmero, confiriendo así mayor estabilidad a la articulación del hombro.

Omóplato, «scapula»

DOCENAS DE VECES al día alargamos el brazo para tomar algo con los dedos y desplazarlo y utilizarlo de una manera concreta. Nuestros brazos y manos son los instrumentos de esas diestras manipulaciones, cuyo centro de control es el cerebro.

El esqueleto de los miembros superiores está formado por un sistema de palancas con pinzas en sus extremos. El brazo puede ser movido de infinitas maneras con gran energía y precisión. Podemos coger delicadamente un alfiler o agarrar una calabaza, arrojar una piedra a varios metros o sentir con las yemas de los dedos movimientos demasiado leves para que el ojo los vea. También podemos fabricarnos herramientas, que han ampliado el campo de nuestra capacidad de realizar trabajos: las palancas nos permiten desplazar o levantar grandes pesos, y los robots articulados llevan a cabo, por cuenta nuestra, tareas repetitivas o delicadas.

Los músculos del brazo

Los músculos del hombro mueven el brazo respecto del cuerpo, mientras que los del brazo mueven el antebrazo, plegando o tensando el codo. Los músculos del antebrazo mueven los huesos de la palma y de algunos de los dedos.

Omóplato

Posición del músculo «bíceps»

Hueso del antebrazo

Húmero

Posición del músculo «tríceps»

Único plano de movimiento

Los hombros, los brazos y la parte alta de la espalda tienen grandes músculos, como muestra esta ilustración de Leonardo da Vinci.

Cuando el bíceps se contrae, el antebrazo se yergue, moviéndose en la articulación del codo. El antebrazo se abate cuando el tríceps se contrae. La articulación del codo sólo permite movimiento en ese plano.

El húmero tiene una sección circular en su mitad superior, pero triangular en la inferior. En el centro de la sección hay un canal poco hondo para un nervio grueso. El canal evita que el nervio sea aplastado cuando los músculos del brazo se contraen o se tensan.

Húmero

Las articulaciones del brazo

Al arrojar un objeto, el brazo se despliega en sus dos articulaciones sucesivamente, mediante unos movimientos parecidos a los de la honda. El impulso empieza en el hombro y sigue hasta los dedos.

Esta articulación de bisagra puede «cerrarse» bruscamente, con un movimiento virtualmente restringido a un solo plano.

Esta articulación de rótula posee movilidad a expensas de la estabilidad: puede dislocarse. El giro circular del brazo tiene lugar en el hombro.

Cuando recibimos un golpe en el «hueso dulce», la parte afectada es un nervio que pasa por el extremo del cúbito, uno de los huesos del antebrazo, y no en el denominado húmero, hueso único del brazo.

Articulación del codo

En cada dedo hay articulaciones de bisagra, y otra más móvil en la base de cada uno.

La complicada articulación de la muñeca, que consta de ocho huesos, ofrece una considerable flexibilidad.

Los huesos de la mano

Nuestras manos responden al esquema general de los mamíferos, con cinco dedos. No sabemos por qué el cinco es el «número mágico». Los huesos de la muñeca ofrecen puntos de inserción a los pequeños músculos que mueven los dedos. Otros músculos que los mueven se hallan en el antebrazo, conectados a los dedos mediante largos tendones que pasan a través de un «collar» de ligamentos en la muñeca.

— Dedo corazón

— Dedo índice

— Dedo anular

— Dedo meñique

Dedo pulgar —

Esta radiografía hecha con ordenador deja ver los huesos de la muñeca. En la primera infancia son cartílagos, que se van volviendo paulatinamente huesos en la segunda infancia. Por ello, los rayos X, que distinguen entre cartílago y hueso, sirven para determinar la edad.

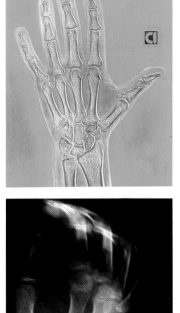

El pulgar puede tocar a cada uno de los otros cuatro dedos alternativamente, como vemos en esta radiografía. Esta «pinza de precisión» constituye la base de la destreza humana. Nuestros próximos parientes, como el chimpancé, no tienen un pulgar tan largo ni tan móvil como el nuestro (abajo), y no poseen esa pinza de precisión.

Los nudillos de la base de cada dedo están formados por una cabeza ósea redondeada.

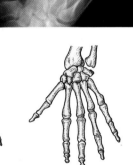

El esqueleto de la mano del chimpancé muestra el tamaño y la posición de su pulgar, que le procuran menos movilidad.

La mano humana posee un pulgar de gran movilidad

Huesos de la muñeca, carpo

Aquí se articulan el radio y el cúbito

Los largos huesos «metacarpianos» del pulgar están «escondidos» en la palma de la mano. En la base del primer metacarpiano hay una articulación muy móvil «de cojinete», que permite doblar el pulgar en dos planos.

Además de moverse en relación con el húmero y de plegar el brazo por el codo, los dos huesos del antebrazo —el radio y el cúbito— también se desplazan el uno sobre el otro por sus extremos superior e inferior. Giran en círculo, con un movimiento que hace girar asimismo la muñeca.

Articulación «de cojinete»

Huesos de la muñeca (carpo)

Radio

Los ocho huesos de la muñeca están envueltos por fuertes ligamentos de sujeción. Cada hueso se mueve junto con sus vecinos.

Huesos de la mano (metacarpo)

Huesos de los dedos (falanges)

Cúbito

Patas delanteras, alas y aletas

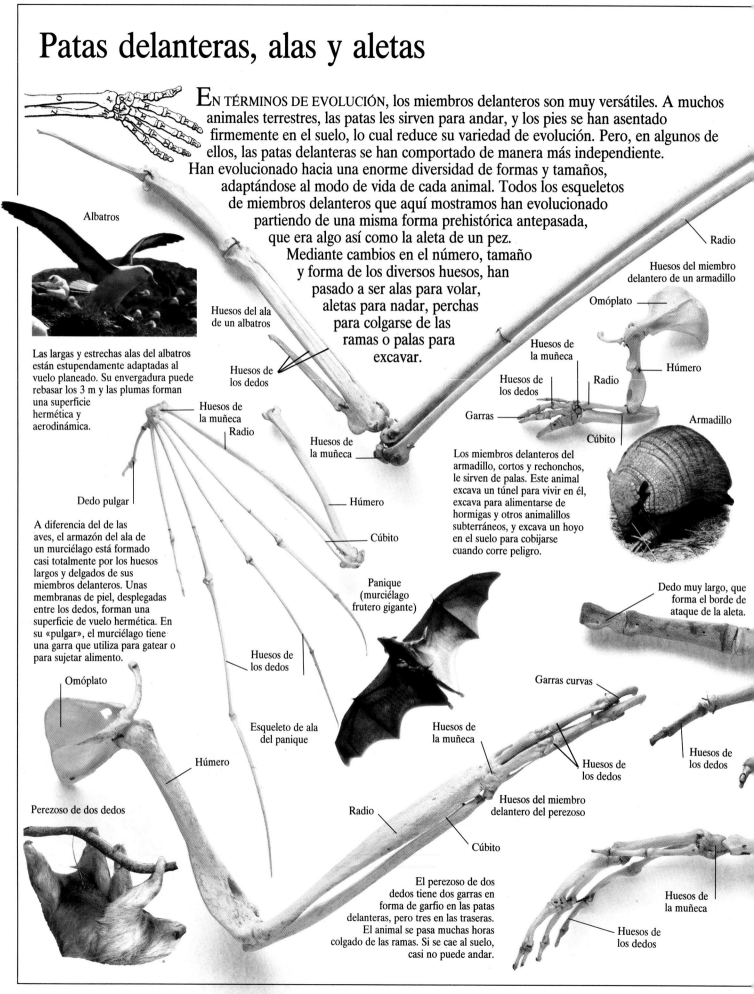

EN TÉRMINOS DE EVOLUCIÓN, los miembros delanteros son muy versátiles. A muchos animales terrestres, las patas les sirven para andar, y los pies se han asentado firmemente en el suelo, lo cual reduce su variedad de evolución. Pero, en algunos de ellos, las patas delanteras se han comportado de manera más independiente. Han evolucionado hacia una enorme diversidad de formas y tamaños, adaptándose al modo de vida de cada animal. Todos los esqueletos de miembros delanteros que aquí mostramos han evolucionado partiendo de una misma forma prehistórica antepasada, que era algo así como la aleta de un pez. Mediante cambios en el número, tamaño y forma de los diversos huesos, han pasado a ser alas para volar, aletas para nadar, perchas para colgarse de las ramas o palas para excavar.

Albatros

Las largas y estrechas alas del albatros están estupendamente adaptadas al vuelo planeado. Su envergadura puede rebasar los 3 m y las plumas forman una superficie hermética y aerodinámica.

Huesos del ala de un albatros

Huesos de los dedos

Radio

Huesos del miembro delantero de un armadillo

Omóplato

Huesos de la muñeca

Huesos de los dedos

Radio

Húmero

Garras

Cúbito

Armadillo

Los miembros delanteros del armadillo, cortos y rechonchos, le sirven de palas. Este animal excava un túnel para vivir en él, excava para alimentarse de hormigas y otros animalillos subterráneos, y excava un hoyo en el suelo para cobijarse cuando corre peligro.

Huesos de la muñeca
Radio

Dedo pulgar

Huesos de la muñeca

Húmero

Cúbito

A diferencia del de las aves, el armazón del ala de un murciélago está formado casi totalmente por los huesos largos y delgados de sus miembros delanteros. Unas membranas de piel, desplegadas entre los dedos, forman una superficie de vuelo hermética. En su «pulgar», el murciélago tiene una garra que utiliza para gatear o para sujetar alimento.

Panique (murciélago frutero gigante)

Dedo muy largo, que forma el borde de ataque de la aleta.

Omóplato

Huesos de los dedos

Esqueleto de ala del panique

Garras curvas

Huesos de la muñeca

Huesos de los dedos

Huesos de los dedos

Húmero

Huesos del miembro delantero del perezoso

Perezoso de dos dedos

Radio

Cúbito

El perezoso de dos dedos tiene dos garras en forma de garfio en las patas delanteras, pero tres en las traseras. El animal se pasa muchas horas colgado de las ramas. Si se cae al suelo, casi no puede andar.

Huesos de la muñeca

Huesos de los dedos

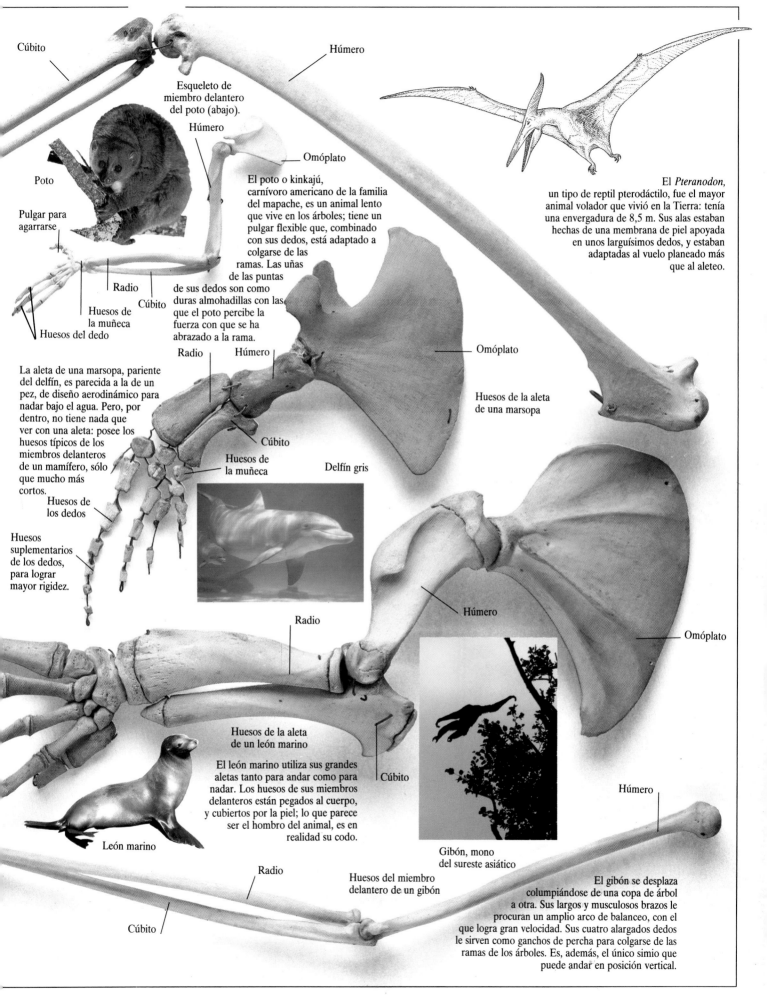

Cúbito

Húmero

Esqueleto de miembro delantero del poto (abajo).

Húmero

Omóplato

Poto

Pulgar para agarrarse

El poto o kinkajú, carnívoro americano de la familia del mapache, es un animal lento que vive en los árboles; tiene un pulgar flexible que, combinado con sus dedos, está adaptado a colgarse de las ramas. Las uñas de las puntas de sus dedos son como duras almohadillas con las que el poto percibe la fuerza con que se ha abrazado a la rama.

Radio

Cúbito

Huesos de la muñeca

Huesos del dedo

El *Pteranodon*, un tipo de reptil pterodáctilo, fue el mayor animal volador que vivió en la Tierra: tenía una envergadura de 8,5 m. Sus alas estaban hechas de una membrana de piel apoyada en unos larguísimos dedos, y estaban adaptadas al vuelo planeado más que al aleteo.

Radio

Húmero

Omóplato

La aleta de una marsopa, pariente del delfín, es parecida a la de un pez, de diseño aerodinámico para nadar bajo el agua. Pero, por dentro, no tiene nada que ver con una aleta: posee los huesos típicos de los miembros delanteros de un mamífero, sólo que mucho más cortos.

Huesos de los dedos

Huesos suplementarios de los dedos, para lograr mayor rigidez.

Cúbito

Huesos de la muñeca

Delfín gris

Huesos de la aleta de una marsopa

Húmero

Omóplato

Radio

Huesos de la aleta de un león marino

El león marino utiliza sus grandes aletas tanto para andar como para nadar. Los huesos de sus miembros delanteros están pegados al cuerpo, y cubiertos por la piel; lo que parece ser el hombro del animal, es en realidad su codo.

Cúbito

Húmero

León marino

Gibón, mono del sureste asiático

Radio

Huesos del miembro delantero de un gibón

El gibón se desplaza columpiándose de una copa de árbol a otra. Sus largos y musculosos brazos le procuran un amplio arco de balanceo, con el que logra gran velocidad. Sus cuatro alargados dedos le sirven como ganchos de percha para colgarse de las ramas de los árboles. Es, además, el único simio que puede andar en posición vertical.

Cúbito

Omóplatos de animales

Zorro rojo

VISTOS DESDE FUERA, los cuatro miembros de un cuadrúpedo se parecen bastante; pero, por dentro, el esqueleto revela muchas diferencias. Las patas traseras están adaptadas sobre todo a impulsar el cuerpo entero al andar, correr o saltar (véase pág. 56). Las delanteras, por su parte, realizan diversas tareas. Amortiguan la caída del cuerpo al término de un salto; manejan el alimento u otros objetos, y también sujetan o golpean a una presa o a los enemigos. Por ello, son necesariamente más flexibles. El hueso que permite tan amplios movimientos es el omóplato o «paletilla». Ese hueso triangular está conectado con el cuerpo principalmente por unos músculos que van a la espina dorsal y a las costillas, y que pueden ladearle en diversos ángulos. Y se relaciona con la pata delantera mediante una articulación de rótula que le permite una mayor flexibilidad.

Omóplato de zorro rojo

El ancho omóplato del zorro tiene una dilatada zona para la inserción de músculos, lo cual indica que el animal se desplaza mayormente a cuatro patas. Los zorros también pueden excavar con sus patas delanteras para buscar alimento.

Omóplato de pécari de collarín

El largo y estrecho omóplato del pécari de collarín, variedad de jabalí americano, oscila hacia adelante y hacia atrás movido por los músculos conectados con el cuerpo. Las patas del animal son relativamente cortas y delgadas, debido a lo cual sus andares son bastante torpes.

El castor sujeta la rama que está royendo

El pequeño omóplato del castor demuestra que sus cortos miembros delanteros no están hechos para el acarreo de pesos. Están hechos, en cambio, para manejar objetos, para construir presas con palitos y barro, y para sujetar el alimento.

Esqueleto de cerdo

Omóplato de castor

Un tigre siberiano puede agacharse para beber. Su espinazo se hunde lo necesario entre las patas delanteras, y entonces los omóplatos se destacan claramente, como vemos, a ambos lados del cuerpo.

Omóplato del marsupial wallaby, pariente cercano del canguro.

Los omóplatos de un canguro, o de un wallaby, no contribuyen a sus desplazamientos ya que los hace mediante brincos sobre sus patas traseras. Los utiliza para pelear y jugar, para agarrar alimento y para apoyarse cuando pasta.

Esqueleto de canguro

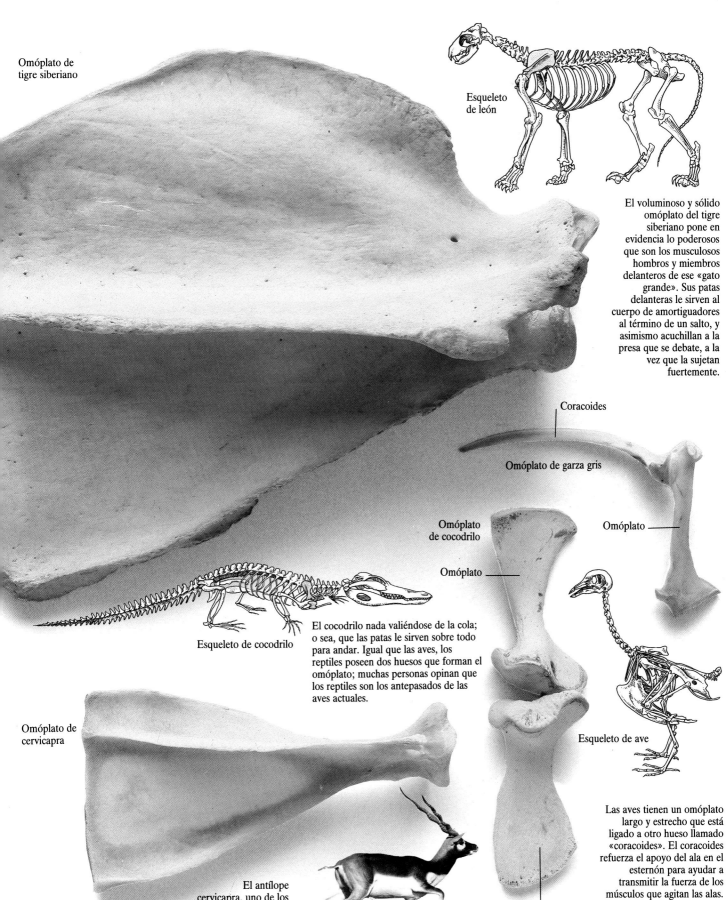

Omóplato de
tigre siberiano

Esqueleto
de león

El voluminoso y sólido
omóplato del tigre
siberiano pone en
evidencia lo poderosos
que son los musculosos
hombros y miembros
delanteros de ese «gato
grande». Sus patas
delanteras le sirven al
cuerpo de amortiguadores
al término de un salto, y
asimismo acuchillan a la
presa que se debate, a la
vez que la sujetan
fuertemente.

Coracoides

Omóplato de garza gris

Omóplato
de cocodrilo

Omóplato

Omóplato

Esqueleto de cocodrilo

El cocodrilo nada valiéndose de la cola;
o sea, que las patas le sirven sobre todo
para andar. Igual que las aves, los
reptiles poseen dos huesos que forman el
omóplato; muchas personas opinan que
los reptiles son los antepasados de las
aves actuales.

Esqueleto de ave

Omóplato de
cervicapra

Las aves tienen un omóplato
largo y estrecho que está
ligado a otro hueso llamado
«coracoides». El coracoides
refuerza el apoyo del ala en el
esternón para ayudar a
transmitir la fuerza de los
músculos que agitan las alas.

El antílope
cervicapra, uno de los
animales más rápidos del mundo, tiene
un omóplato largo y delgado que actúa
como «segmento» complementario de
la pata delantera. Puede correr
a 80 km/h.

Cervicapra

Coracoides

La pierna y el pie humanos

Hueso del muslo, fémur

Nos RESULTA tan normal estar en pie mientras observamos las cosas que pasan a nuestro alrededor, que no solemos darnos cuenta de la maravillosa hazaña de equilibrio que eso supone. Algún otro animal puede llegar a erguirse momentáneamente apoyado en sus miembros traseros; pero, por lo general, se deja caer al cabo de unos segundos. Nosotros podemos mantener durante horas una postura totalmente vertical apoyándonos en las dos piernas y dejando los brazos y manos libres para otras tareas. Comparados con los del brazo (véase pág. 48), los huesos de la pierna humana son gruesos y fuertes, con el fin de sustentar y transportar el peso del cuerpo. No andamos apoyados en los dedos de los pies, como otros muchos animales (véase pág. 56). Nuestros pies son anchos y a la vez largos, para procurar una estabilidad total, mientras que los dedos son mucho menores que en la mayoría de los animales. Continuamente se llevan a cabo pequeños ajustes musculares en el cuello, los brazos, la espalda y las piernas, para mantener como es debido nuestro peso sobre los pies. El andar requiere la coordinación y contracción de docenas de músculos. Se ha denominado al caminar humano «caída controlada»: el cuerpo se inclina hacia adelante y tiende a volcarse, lo cual se evita solamente adelantando uno de los pies.

Cabeza del fémur

El fémur es el mayor hueso del cuerpo humano. En su extremo superior, o «cabeza», está reforzado por unas crestas en las que se insertan los poderosos músculos que mueven la pierna.

En consonancia con las buenas normas de la ingeniería, la caña del fémur es larga y tubular. El hueso está sujeto a menos cargas y tensiones en su parte larga que en sus extremos.

Al andar, balanceamos el brazo de uno de los lados hacia adelante a la vez que proyectamos hacia atrás la pierna del lado contrario. Ambos movimientos se contrarrestan parcialmente, manteniendo así el peso del cuerpo justamente en el centro.

Los músculos y articulaciones del pie

Los músculos de la cadera, del muslo y de la pantorrilla mueven las piernas en sus articulaciones. Los de la cadera mueven la pierna hacia adelante y hacia atrás en la articulación de la pelvis, cuando andamos. Los músculos traseros del muslo doblan la rodilla por su articulación de bisagra. Los de la pantorrilla enderezan el pie mediante la articulación del tobillo.

Esta vista posterior de las piernas muestra todos los músculos importantes en movimiento.

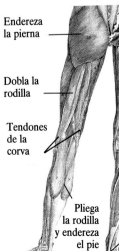

Endereza la pierna

Dobla la rodilla

Tendones de la corva

Pliega la rodilla y endereza el pie

Dobla la articulación de la cadera.

Sujeta el tobillo al andar

El tendón de Aquiles, que mide 15 cm de largo, es el más grueso y fuerte del cuerpo.

Torsiona la planta del pie hacia adentro

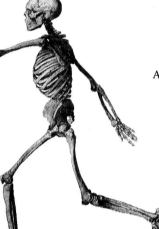

La articulación de la cadera permite buena movilidad a la pierna hacia adelante y hacia atrás, pero sólo limitados movimientos hacia los lados. Lo primero sirve para correr y andar; lo segundo, para cambiar rápidamente de dirección.

La articulación de la cabeza del húmero con la cadera combina una gran fuerza con cierta movilidad. La bola de la cabeza del fémur está en ángulo respecto de la caña, insertándose así más directamente debajo del centro del cuerpo.

La articulación de la rodilla actúa como una bisagra: sus principales movimientos son hacia adelante y hacia atrás. Apenas puede hacer giro lateral, porque se dislocaría.

El tobillo es una articulación compuesta, formada por siete huesos. Cada uno de ellos se mueve un poco respecto de los demás, lo cual da mucha fuerza al conjunto, con flexibilidad limitada.

El extremo inferior del fémur tiene dos «nudillos» redondos, los cóndilos, que encajan en dos cavidades poco hondas de la cabeza de la tibia.

Estas ilustraciones sucesivas de un muchacho saltando a pídola están basadas en una famosa serie de fotografías tomadas por Eadweard Muybridge. Muestran la posición de los miembros al saltar por encima de un objeto y al volver al suelo.

Calcáneo, hueso del talón

El pie humano se ha ido especializando para andar. Nuestros menudos dedos actuales han perdido la capacidad de agarrar que conservan nuestros próximos parientes los monos. Los simios tienen pulgares opuestos en los pies, para agarrarse a las ramas al trepar. En el hombre, el pie sustenta el peso de todo el cuerpo, y tiene que ofrecer una base elástica para despegar el cuerpo del suelo en el acto de andar. El pulgar del pie humano no se opone a los demás dedos: se alinea firmemente con ellos.

«Tapón», rótula de la rodilla

Los huesos de la pierna encajan aquí.

«Nudillos», cóndilos, de la rodilla

El pequeño «tapón» de hueso de la rodilla, la rótula, está encastrado en un grueso tendón en la parte delantera de la rodilla, y suaviza sus movimientos, a modo de polea, cuando la pierna se flexiona y se estira.

Hueso mayor del tobillo, astrágalo

Huesos del tobillo, tarsianos

El hueso menor de la pierna, peroné, es mucho más delgado que su compañera la tibia, ya que no sustenta el peso del cuerpo. Sirve de base de inserción a los músculos que mueven el pie y sus dedos.

El hueso mayor de la pierna, tibia, es el segundo más largo del cuerpo, después del fémur. Como éste, también tiene una esbelta caña, que recibe menores cargas; su sección transversal es triangular.

Los pies del chimpancé tienen los dedos largos y flexibles, para poder agarrar.

Los dedos del pie humano son cortos y rígidos, para equilibrar el cuerpo.

Huesos del pie, metatarsianos

Los huesos principales del pie están escondidos en su mayor parte en la porción carnosa de la planta. Sólo se ven sus extremos, en su proyección en forma de dedos.

Hueso mayor de la pierna, tibia

Hueso menor de la pierna, peroné

Quinto dedo

Huesos de los dedos, falanges

El hueso mayor del tobillo es el calcáneo, el hueso del talón. Asoma por detrás del pie y hace de palanca para que los músculos de la pantorrilla tiren del pie hacia abajo.

Los bultos laterales que percibimos en el tobillo no son realmente huesos de su articulación. Son unas protuberancias, maléolos, del extremo inferior de los dos huesos de la pierna, que abrazan el astrágalo.

Cuarto dedo

Tercer dedo

Esta imagen de radiografía hecha con ordenador muestra claramente los extremos inferiores de los huesos de la pierna, así como los huesos del tobillo y del pie.

Primer dedo, dedo gordo o pulgar

Segundo dedo

Hueso mayor del tobillo, astrágalo

Huesos del pie, metatarsianos

Huesos de los dedos, falanges

Patas de animales

Lᴀꜱ ᴘᴀᴛᴀꜱ ɴᴏ ꜱóʟᴏ ꜱɪʀᴠᴇɴ para 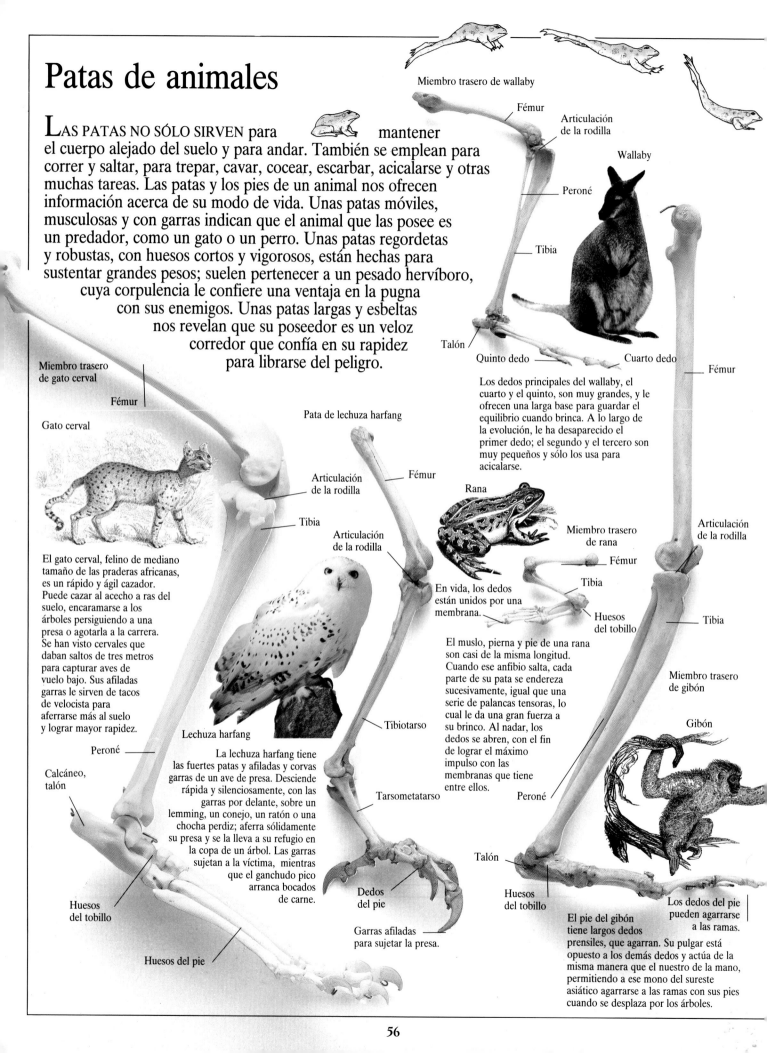 mantener el cuerpo alejado del suelo y para andar. También se emplean para correr y saltar, para trepar, cavar, cocear, escarbar, acicalarse y otras muchas tareas. Las patas y los pies de un animal nos ofrecen información acerca de su modo de vida. Unas patas móviles, musculosas y con garras indican que el animal que las posee es un predador, como un gato o un perro. Unas patas regordetas y robustas, con huesos cortos y vigorosos, están hechas para sustentar grandes pesos; suelen pertenecer a un pesado herbívoro, cuya corpulencia le confiere una ventaja en la pugna con sus enemigos. Unas patas largas y esbeltas nos revelan que su poseedor es un veloz corredor que confía en su rapidez para librarse del peligro.

Miembro trasero de wallaby

Fémur

Articulación de la rodilla

Wallaby

Peroné

Tibia

Talón

Quinto dedo

Cuarto dedo

Fémur

Los dedos principales del wallaby, el cuarto y el quinto, son muy grandes, y le ofrecen una larga base para guardar el equilibrio cuando brinca. A lo largo de la evolución, le ha desaparecido el primer dedo; el segundo y el tercero son muy pequeños y sólo los usa para acicalarse.

Miembro trasero de gato cerval

Fémur

Gato cerval

El gato cerval, felino de mediano tamaño de las praderas africanas, es un rápido y ágil cazador. Puede cazar al acecho a ras del suelo, encaramarse a los árboles persiguiendo a una presa o agotarla a la carrera. Se han visto cervales que daban saltos de tres metros para capturar aves de vuelo bajo. Sus afiladas garras le sirven de tacos de velocista para aferrarse más al suelo y lograr mayor rapidez.

Peroné

Calcáneo, talón

Huesos del tobillo

Huesos del pie

Pata de lechuza harfang

Articulación de la rodilla

Fémur

Tibia

Articulación de la rodilla

Lechuza harfang

La lechuza harfang tiene las fuertes patas y afiladas y corvas garras de un ave de presa. Desciende rápida y silenciosamente, con las garras por delante, sobre un lemming, un conejo, un ratón o una chocha perdiz; aferra sólidamente su presa y se la lleva a su refugio en la copa de un árbol. Las garras sujetan a la víctima, mientras que el ganchudo pico arranca bocados de carne.

Tibiotarso

Tarsometatarso

Dedos del pie

Garras afiladas para sujetar la presa.

Rana

Miembro trasero de rana

Fémur

Tibia

En vida, los dedos están unidos por una membrana.

Huesos del tobillo

El muslo, pierna y pie de una rana son casi de la misma longitud. Cuando ese anfibio salta, cada parte de su pata se endereza sucesivamente, igual que una serie de palancas tensoras, lo cual le da una gran fuerza a su brinco. Al nadar, los dedos se abren, con el fin de lograr el máximo impulso con las membranas que tiene entre ellos.

Peroné

Fémur

Articulación de la rodilla

Tibia

Miembro trasero de gibón

Gibón

Talón

Huesos del tobillo

Los dedos del pie pueden agarrarse a las ramas.

El pie del gibón tiene largos dedos prensiles, que agarran. Su pulgar está opuesto a los demás dedos y actúa de la misma manera que el nuestro de la mano, permitiendo a ese mono del sureste asiático agarrarse a las ramas con sus pies cuando se desplaza por los árboles.

Parte del miembro delantero
de una vaca

Huesos de
la muñeca

Parte del miembro
delantero de un caballo

Caballo

Hueso del
tercer dedo
de la mano.

Huesos de los dedos
de la mano, tercero
y cuarto, soldados.

El caballo es un unulígrado, lo
que quiere decir que se sustenta y
desplaza apoyado en sus cuatro
pezuñas: son las puntas de sus
dedos terceros, de delante y de
detrás. En esta ilustración puede
verse el equivalente de un «dedo»
del miembro delantero izquierdo.
Un diseño tan simplificado ahorra
peso, al prescindir de muchas
articulaciones y músculos. Esa
ligereza en el extremo de los
miembros le permite una rápida
movilidad, con lo cual el caballo
logra gran velocidad en el
galope. Los caballos son
«perisodáctilos», ungulados
con número impar de dedos.

Vaca

Parte de la pata
de un avestruz

La «muñeca» y la «mano»
de una vaca muestran la
constitución en forma de una
pata que tiene que sustentar
un voluminoso cuerpo. Cada
uno de los miembros tiene que
soportar un peso equivalente al
de tres personas adultas. Todos
los bovinos pertenecen a los
«artiodáctilos», ungulados con
número par de dedos. La vaca
sólo tiene dos, el tercero y el
cuarto, en cada miembro.

Huesos de los
dedos tercero
y cuarto.

Huesos inferiores
del tobillo,
soldados con
los del pie.

Falanges del
tercer dedo

Dedos terminados
en dos pezuñas,
pata hendida.

Hueso del casco,
pezuña única

El ave de mayor tamaño del
mundo, el avestruz, posee asimismo
las patas y pies más largos de todas las
aves. En su caso, no es tan importante el
ahorro de peso como en otras aves, porque el
avestruz no puede volar. Ha seguido una línea de
evolución diferente, la de un animal corredor,
desarrollando unas patas con poderosos
músculos, y dos enormes «pulgares»
en cada pie.

Hueso del dedo,
falange

Garra en
el «pulgar»

Avestruz corriendo
a gran velocidad

Los huesos mayores y los menores

LOS HUESOS, igual que las demás partes del cuerpo, varían de tamaño y forma de un individuo a otro. Las personas altas poseen huesos más largos que las bajas, en especial en las piernas, ya que el fémur representa aproximadamente la cuarta parte de nuestra estatura. Muchas de esas diferencias en la longitud de los huesos son mínimas, si bien el hombre es, por lo general, más alto que la mujer. En ocasiones, sin embargo, una enfermedad o una predisposición hereditaria afectan al desarrollo de los huesos del niño durante la gestación. Y el crecimiento del hueso a lo largo de la infancia, regulado por las hormonas, puede verse afectado por un trastorno grave, por una enfermedad o por una mala alimentación. El resultado es una persona inusitadamente alta o baja.

El Gigante Hugo

Reconstrucción del esqueleto fósil de un *Iguanodon*

El gigantismo es causado por un trastorno en la secreción hormonal que motiva que los huesos crezcan demasiado. El auténtico récord le ostentó el hombre más alto del mundo, el norteamericano Robert Wadlow, que midió 2,70 m; arriba vemos a otro norteamericano célebre, el Gigante Hugo.

El enanismo es de origen genético o endocrino. Los seres humanos más bajos miden entre 60 y 75 cm. Uno de los más conocidos, a quien aquí vemos con su mujer —también enana— fue Charles Stratton (el «General Pulgarcito»), que midió 1,02 m.

Los dinosaurios, los mayores animales terrestres, tenían huesos gigantescos. El fémur de este *Iguanodon* (véase página 12) medía 1,30 m de largo. Algunos huesos de miembros delanteros de dinosaurios medían más de tres metros...

El «General Pulgarcito» el día de su boda

Esta serie de diez fémures seleccionados nos hace ver las enormes diferencias de talla entre los mamíferos. Por lo general, los animales rápidos tienen los huesos de las patas largos y delgados en comparación con su cuerpo. El fémur de la foca es un caso aparte: se halla dentro de su cuerpo, y ese animal nada con sus miembros traseros transformados en aletas, que contienen los huesos de la pelvis y de los pies.

Carnero (izq.).
Longitud del cuerpo: 1,40 m.
Longitud del fémur: 18 cm.

Conejo
Longitud del cuerpo: 30 cm.
Longitud del fémur: 8 cm.

Erizo
Longitud del cuerpo: 20 cm.
Longitud del fémur: 8 cm.

Foca
Longitud del cuerpo: 1,60 m.
Longitud del fémur: 11 cm.

Perro pachón
Longitud del cuerpo: 70 cm.
Longitud del fémur: 11 cm.

Gato (izq.)
Longitud del cuerpo: 50 cm.
Longitud del fémur: 8 cm.

Corzo
Longitud del cuerpo: 1 m.
Longitud del fémur: 18 cm.

Los huesos más pequeños del cuerpo

Los huesos más pequeños del cuerpo humano son los tres minúsculos huesecillos del oído, encerrados en la caja del tímpano. Transmiten las vibraciones sonoras desde el tímpano hasta el oído interno. Se llaman estribo, yunque y martillo debido a sus formas. El martillo mide 8 mm de largo; el yunque, 11 mm, y el estribo, 3 mm. Encajan perfectamente uno con otro.

Estribo, *stapes*   Yunque, *incus*   Martillo, *malleus*

Los huesecillos del oído tienen sus propias minúsculas articulaciones entre sí.

La cabeza del fémur encaja en la cavidad de la pelvis, y foma la articulación de la cadera, coxofemoral.

Cuello

Agujero, *foramen*, para los vasos sanguíneos que entran en el hueso.

Jirafa
Longitud del cuerpo: 4,5 m.
De la cabeza hasta el suelo: 5 m.
Longitud del fémur: 52 cm.

Caña, diáfisis, del hueso

Caballo
Longitud del cuerpo: 2 m.
Longitud del fémur: 45 cm.

Perro gran danés
Longitud del cuerpo: 1,10 m.
Longitud del fémur: 28 cm.

La tibia y el peroné se insertan aquí

Estructura y reconstrucción de los huesos

LOS HUESOS, EN VIVO, no son pálidos, secos y frágiles, como en la vitrina de un museo. En el cuerpo, el hueso es un tejido muy activo. Está compuesto de agua en una tercera parte; se halla surcado y cruzado por vasos sanguíneos, que suministran oxígeno y nutrientes, y evacuan productos de desecho; algunos huesos contienen tuétano, médula, que produce los glóbulos sanguíneos; y también los huesos poseen nervios que permiten sentir la presión y el dolor. Constituyen asimismo una reserva mineral, que contiene calcio y otras sales minerales que les procuran dureza y rigidez. El hueso, de vez en cuando, tiene que suministrar sus sales minerales en períodos de escasez a otras partes del cuerpo, como los nervios, cuando las necesitan. El tejido óseo está engendrado y nutrido por diversos tipos de células. Los «osteoblastos» fabrican el hueso nuevo, endureciendo el colágeno de las proteínas con sales minerales; los «osteocitos» alimentan al hueso, suministrándole nutrientes y recogiendo los desechos a través de la sangre y los tejidos óseos. Los «osteoclastos» destruyen sustancia ósea para facilitar su reconstrucción y sueltan las sales minerales a la sangre. A todo lo largo de la vida, el hueso se va reconstruyendo y reformando, como resultado de los traumatismos, torceduras y fracturas que sufre.

Los isótopos radioactivos se concentran en el hueso, y mediante una exploración hecha con un *scanner*, puede verse su distribución en el esqueleto.

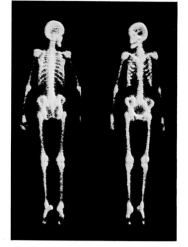

Hay varios métodos para observar los huesos en vivo, además de los rayos X. Mediante una pantalla de cristal especial centelleante, se obtiene un «escintilograma» como el que vemos, en el cual destacan las concentraciones de isótopos radioactivos, previamente inyectados, y que son absorbidos por el tejido óseo.

Los huesos son ejemplos vivos del arte de diseñar en ingeniería. Muchos tienen un «cascarón» de tejido compacto, que es duro, sólido y parecido al marfil. Los tendones, ligamentos y otras partes componentes se adhieren a esa rígida cáscara por medio de la «piel» del hueso vivo, el «periósteo». Dentro del hueso compacto hay una malla fibrosa, más suelta y ligera, el «tejido esponjoso», que contiene el tuétano.

Tejido esponjoso

Las jácenas curvas de la torre Eiffel le confieren mucha fuerza. La cara interna del fémur está reforzada de modo parecido.

Tejido esponjoso

Tejido compacto

El tejido compacto del hueso (izq.) forma un sólido tubo alrededor del esponjoso. En este fémur se ha suprimido una parte del tejido compacto.

Tejido esponjoso que contiene, en vivo, tuétano rojo.

Parte superior del esternón («manubrio esternal»).

Cabeza de la articulación de la pelvis.

Parte inferior, cuerpo, del esternón.

Tejido compacto

La capa externa de tejido compacto (izq.) es más gruesa en la caña, para ofrecer resistencia a flexiones, torsiones y golpes.

Dentro del esternón (derecha) hay tejido óseo, que contiene «tuétano rojo», sustancia que produce los glóbulos rojos de la sangre.

Capa más gruesa de tejido compacto, para reforzar.

Visto al microscopio, el tejido esponjoso está formado por una malla en tres dimensiones de finísimas varillas, llamadas «trabeculae». Cada varilla está formada por capas delgadas de hueso, además de las células nutrientes, osteocitos. Los espacios entre las varillas están rellenos de tuétano gelatinoso.

El hueso tiene dos componentes principales: la proteína llamada colágeno, y sales minerales que contienen calcio y fósforo. Si se disuelven las sales minerales (una semana en baño ácido), el colágeno se vuelve tan flexible que se puede hacer un nudo con la pieza.

Como el hueso es un tejido vivo y activo, se recompone por sí mismo en caso de resquebrajarse (fisura) o de romperse (fractura). La rotura se subsana primero mediante una materia fibrosa, que forma una cicatriz ósea, el «callo». Luego, las células que fabrican hueso, los osteoblastos, van penetrando gradualmente en el callo y lo osifican. Suele producirse un bulto alrededor de los bordes de la fractura, y las células que destruyen hueso, los osteoclastos, pulen y suavizan la soldadura.

Los huesos fracturados responden sobre todo a las tensiones que sobre ellos se ejerzan. Un perro se rompió los dos huesos, cúbito y radio, de su pata delantera (abajo). El radio, que soportaba el mayor peso, se soldó bien, el otro, que apenas soportaba peso, nunca llegó a soldarse del todo.

Fractura no consolidada del cúbito.

Fractura consolidada del radio.

La radiografía muestra una rotura del húmero que tardó varios meses en soldar.

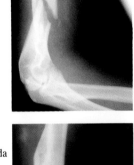

Día de la fractura (arriba).

Varios meses después (abajo).

Algunos huesos rotos necesitan una «mano amiga» que les mantenga en su sitio mientras que las partes se sueldan firmemente. En tiempos pasados, se recurría a una «tablilla» de madera o cuero. Hoy, los cirujanos pueden aplicar una «tablilla interna», prótesis, una tira o placa de acero inoxidable o resinas acrílicas, sujeta por «clavos», tornillos.

Pletina de acero inoxidable y clavos para entablillar un fémur de perro fracturado.

Este hueco debería rellenarse con tejido fibroso.

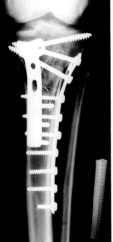

Costado derecho de la pelvis, casi ileso

Vértebras soldadas a la pelvis

Nuevo hueso formado para reforzar la parte inferior torsionada.

Nueva cavidad excavada para la cabeza del fémur

Pelvis accidentada de una vaca.

Esta vaca se fracturó la pelvis en una caída. La cabeza del fémur quedó fuera de su sitio; la pelvis reaccionó, formándole una nueva cavidad. La fractura se curó de modo natural, si bien la vaca quedó coja.

Antigua cavidad para la cabeza del fémur.

Pelvis normal de vaca (véase también pág. 47)

Entablillado estabilizador para mantener rígido el miembro mientras se suelda.

Esta rotura célebre (izq.) fue la del motociclista británico Barry Sheene, quien se fracturó, en 1982, las dos piernas por varios sitios, corriendo a 250 km/h. En esta radiografía vemos algunos de los 26 tornillos y de las chapas de acero que se utilizaron para recomponerle los huesos. No tardó mucho Sheene en volver a andar, y aun a correr en su moto.

Una ilustración de 1784 nos muestra a un doctor colocando un miembro roto en su posición correcta, para después entablillarlo.

Glosario de los huesos

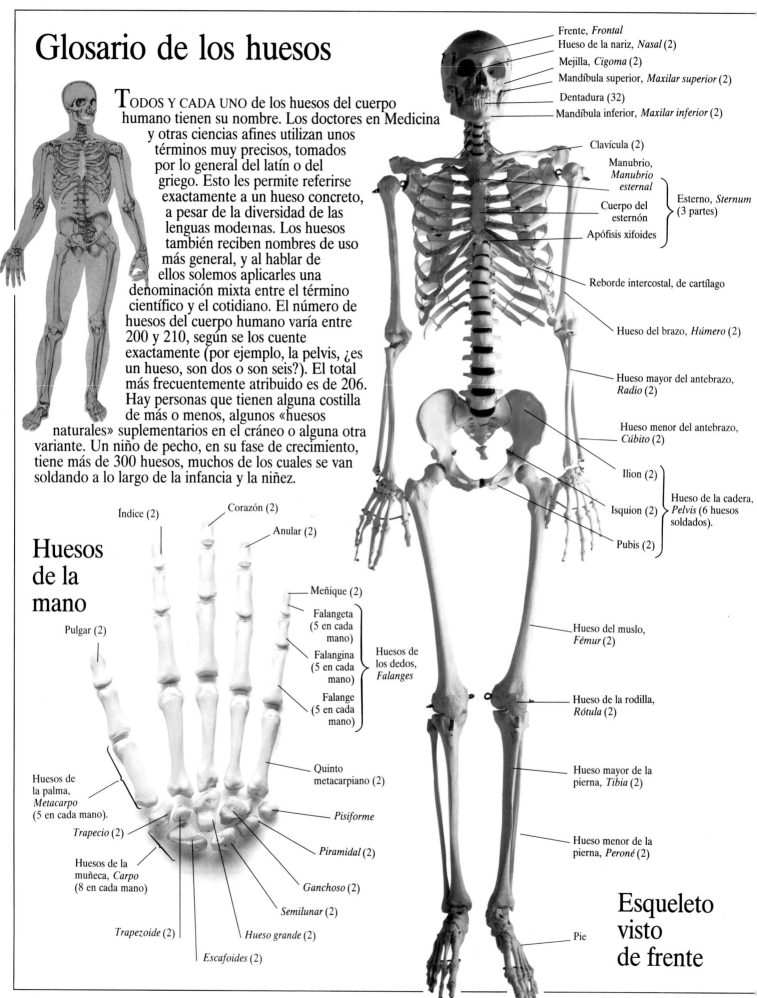

Todos y cada uno de los huesos del cuerpo humano tienen su nombre. Los doctores en Medicina y otras ciencias afines utilizan unos términos muy precisos, tomados por lo general del latín o del griego. Esto les permite referirse exactamente a un hueso concreto, a pesar de la diversidad de las lenguas modernas. Los huesos también reciben nombres de uso más general, y al hablar de ellos solemos aplicarles una denominación mixta entre el término científico y el cotidiano. El número de huesos del cuerpo humano varía entre 200 y 210, según se los cuente exactamente (por ejemplo, la pelvis, ¿es un hueso, son dos o son seis?). El total más frecuentemente atribuido es de 206. Hay personas que tienen alguna costilla de más o menos, algunos «huesos naturales» suplementarios en el cráneo o alguna otra variante. Un niño de pecho, en su fase de crecimiento, tiene más de 300 huesos, muchos de los cuales se van soldando a lo largo de la infancia y la niñez.

Frente, *Frontal*
Hueso de la nariz, *Nasal* (2)
Mejilla, *Cigoma* (2)
Mandíbula superior, *Maxilar superior* (2)
Dentadura (32)
Mandíbula inferior, *Maxilar inferior* (2)
Clavícula (2)
Manubrio, *Manubrio esternal*
Esterno, *Sternum* (3 partes)
Cuerpo del esternón
Apófisis xifoides
Reborde intercostal, de cartílago
Hueso del brazo, *Húmero* (2)
Hueso mayor del antebrazo, *Radio* (2)
Hueso menor del antebrazo, *Cúbito* (2)
Ilion (2)
Isquion (2)
Pubis (2)
Hueso de la cadera, *Pelvis* (6 huesos soldados).
Hueso del muslo, *Fémur* (2)
Hueso de la rodilla, *Rótula* (2)
Hueso mayor de la pierna, *Tibia* (2)
Hueso menor de la pierna, *Peroné* (2)
Pie

Huesos de la mano

Índice (2)
Corazón (2)
Anular (2)
Pulgar (2)
Meñique (2)
Falangeta (5 en cada mano)
Falangina (5 en cada mano)
Falange (5 en cada mano)
Huesos de los dedos, *Falanges*
Quinto metacarpiano (2)
Huesos de la palma, *Metacarpo* (5 en cada mano).
Trapecio (2)
Huesos de la muñeca, *Carpo* (8 en cada mano)
Pisiforme
Piramidal (2)
Ganchoso (2)
Semilunar (2)
Trapezoide (2)
Hueso grande (2)
Escafoides (2)

Esqueleto visto de frente

62

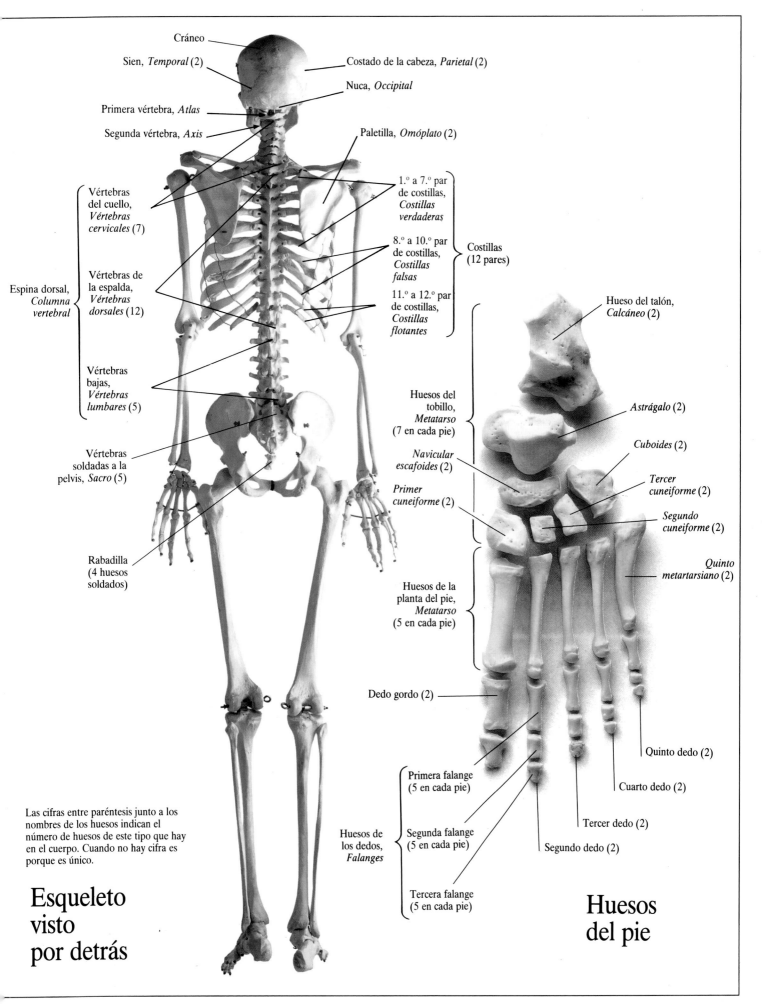

Cráneo

Sien, *Temporal* (2)

Costado de la cabeza, *Parietal* (2)

Nuca, *Occipital*

Primera vértebra, *Atlas*

Segunda vértebra, *Axis*

Paletilla, *Omóplato* (2)

1.º a 7.º par de costillas, *Costillas verdaderas*

Vértebras del cuello, *Vértebras cervicales* (7)

8.º a 10.º par de costillas, *Costillas falsas*

Costillas (12 pares)

11.º a 12.º par de costillas, *Costillas flotantes*

Espina dorsal, *Columna vertebral*

Vértebras de la espalda, *Vértebras dorsales* (12)

Hueso del talón, *Calcáneo* (2)

Huesos del tobillo, *Metatarso* (7 en cada pie)

Astrágalo (2)

Cuboides (2)

Navicular escafoides (2)

Tercer cuneiforme (2)

Primer cuneiforme (2)

Segundo cuneiforme (2)

Vértebras bajas, *Vértebras lumbares* (5)

Quinto metartarsiano (2)

Vértebras soldadas a la pelvis, *Sacro* (5)

Huesos de la planta del pie, *Metatarso* (5 en cada pie)

Rabadilla (4 huesos soldados)

Dedo gordo (2)

Quinto dedo (2)

Cuarto dedo (2)

Primera falange (5 en cada pie)

Las cifras entre paréntesis junto a los nombres de los huesos indican el número de huesos de este tipo que hay en el cuerpo. Cuando no hay cifra es porque es único.

Huesos de los dedos, *Falanges*

Segunda falange (5 en cada pie)

Tercer dedo (2)

Segundo dedo (2)

Tercera falange (5 en cada pie)

Esqueleto visto por detrás

Huesos del pie

Índice

Iconografía

s = superior   c = centro   i = inferior
iz = izquierda   d = derecha

Des and Jen Bartlett/Bruce Coleman Ltd: 51si
Des and Jen Bartlett/Survival Anglia: 57s
Erwin and Peggy Bauer/Bruce Coleman Ltd: 47s
BPCC/Aldus Archive: 9i; 10s, cd, id; 11s; 29i
Bridgeman Art Library: 8c; 9ciz; 11ciz
Jane Burton/Bruce Coleman Ltd: 33c
A. Campbell/NHPA: 34i
Bruce Coleman Ltd: 51sd
CNRI/Science Photo Library: 26c; 49sd; 55id; 60siz
A. Davies/NPHA: 34s
Elsdint/Science Photo Library: 60siz
Francisco Eriza/Bruce Coleman Ltd: 50i
Jeff Foott/Survival Anglia: 50cd; 42cd; 48c; 54c

John Freeman, Londres: 6iiz; 7s
Tom and Pam Gardener/Frank Lane Picture Agency: 33s
P. Goycolea/Alan Hutchison Library: 11iiz
Sonia Halliday Photographs: 43i
E. Hanumantha Rao/NHPA: 53i
Julian Hector/Planet Earth Pictures: 50s
T. Henshaw/Daily Telegraph Colour Library: 54id
Michael Holford: 9s; 11cd; 36s
Eric Hosking: 33id; 51iz; 52sd; 56c
F. Jack Jackson/Planet Earth Pictures: 41
Antony Joyce/Planet Earth Pictures: 33id
Gordon Langsbury/Bruce Coleman Ltd: 32sd
Michael Leach/NHPA: 56s
Lacz Lemoine/NHPA: 32cd
Mansell Collection: 6c; 7c; 15s; 36c; 43s; 56cd; 61id
Marineland/Frank Lane Picture Agency: 51c
Mary Evans Picture Library: 6siz, id; 7i; 8s;

9cd; 10ciz; 11id; 13id; 14iz, d; 16ciz; 26s; 45id; 58ciz, cd; 62siz
Frieder Michler/Science Photo Library: 60c
Geoff Moon/Frank Lane Picture Agency: 32id
Alfred Pasieka/Bruce Coleman Ltd: 22s
Philip Perry/Frank Lane Picture Agency: 35s
Dieter and Mary Plage/Bruce Coleman Ltd: 40i
Hans Reinhard/Bruce Coleman Ltd: 32iiz; 46iiz
Leonard Lee Rue/Bruce Coleman Ltd: 32ciz; 52ciz
Keith Scholey/Planet Earth Pictures: 50ciz
Johnathan Scott/Planet Earth Pictures: 37iiz
Silvestris/Frank Lane Picture Agency: 35i
Syndication International: 61iiz
Terry Whittaker/Frank Lane Picture Agency: 52iiz

ZEFA: 37s; 39sd; 60i
Gunter Ziesler/Bruce Coleman Ltd: 37id

Ilustraciones de Will Giles: 12i; 13s, c; 27iz, d; 28c; 34iiz; 37c; 38i; 39iz; 42i; 44iiz, ic, id; 45iiz, ic; 46ciz, cd, i; 47ciz, cd, iiz, id; 48ciz; 49c; 51sd; 52c; 53s, ciz, cd; 54ic; 55c; 56s; 59sc

Investigación fotográfica: Mille Townbridge

Han colaborado:
The Booth Museum of Natural History, Brighton; Peter Gardiner; Griffin and George; The Royal College of Surgeons of England; The Royal Veterinary College, y Paul Vos; El Dr. A. V. Mitchell; Richard y Hillary Bird; Fred Ford y Mike Pilley, de Radius Graphics; Raw Owen y Nick Madren; Anne-Marie Bulat; y Dave King